WOLFRAM HÄNEL

Alk. Außer Kontrolle

Mit einem Nachwort von Dr. Almut Lippert

Arena

Zu diesem Buch liegt eine Unterrichtserarbeitung vor.
Informationen darüber erhalten Sie beim
Arena Verlag, Würzburg,
Telefon 09 31 / 7 96 44-0

8. Auflage als Arena-Taschenbuch 2010

Wutmonologe von Hilkje Hänel
Nachwort von Dr. Almut Lippert
Umschlaggestaltung und -typografie: knaus. büro für konzeptionelle und visuelle identitäten, Würzburg,
unter Verwendung eines Fotos von Nick Dolding © gettyimages
Gesamtherstellung: Westermann Druck Zwickau GmbH
ISSN 0518-4002
ISBN 978-3-401-02757-9

www.arena-verlag.de
Mitreden unter forum.arena-verlag.de

Die mit »Wut« überschriebenen Seiten sind dem Text
»Wut – Monologe einer 16-Jährigen«
von Hilkje Hänel entnommen
(unveröffentlichtes Manuskript, Hannover 2003)

Da diese Geschichte frei erfunden ist,
können eventuelle Ähnlichkeiten
mit lebenden Personen auch nur zufällig sein.
Dennoch erzählt die Geschichte nichts als die Wahrheit.

WUT 1

Ich stelle meiner Mutter eine Frage.
Eine einfache, harmlose Frage.
Und sie gibt mir keine Antwort.

Ich stelle meinem Vater eine Frage.
Eine einfache, harmlose Frage.
Und er hält mir einen Vortrag.

Ich stelle meiner Oma eine Frage.
Eine einfache, harmlose Frage.
Und sie erzählt mir von früher.

Ich stelle meinem Lehrer eine Frage.
Eine einfache, harmlose Frage.
Und er sagt: Das wollte ich nicht wissen.

Eines Tages werde ich vielleicht aufhören,
Fragen zu stellen.
Und das macht mich wütend.

1.

Marx hängt mit ein paar Kumpels rum. An der Straßenbahnhaltestelle am Kanal. Marx, Krawinski, Alex und der Chinese ...
Dieselben Leute wie immer. Alles Kumpels. Bis auf Marie. Was Marie bei ihnen will, weiß keiner. Klar, sie hatte mal was mit dem Chinesen. Wahrscheinlich weil sie selber so was ist wie ein Chinese. Vietnam oder so. Irgendwo da. Zur Hälfte jedenfalls. Ihr Vater ist von hier. Aber Marie sieht trotzdem aus wie ihre Mutter. Die Augen und das alles. Und schwarze Haare und ziemlich klein. Aber ist ja auch egal. Solange sie nicht nervt, kann sie machen, was sie will. Ist nur irgendwie komisch, immer mit einem Mädchen dabei.
Marx angelt sich eine neue Flasche aus dem Kasten. Bölkstoff. Sonderangebot. Irgendeine Marke, von der noch nie einer was gehört hat. Das Zeug schmeckt wie Katzenpisse! Aber es macht schön breit. Genauso breit wie der Stoff, den sie sonst trinken. Nur eben billiger.
Marx hebelt den Kronkorken mit seinem Wegwerffeuerzeug auf. Der Chinese schafft es mit den Zähnen. Manchmal jedenfalls. Und Krawinski braucht nur irgendeine scharfe Kante. Ein Stück Metall am besten. Tischkante geht auch, aber Metall ist besser. Wie die Eisenstreben, die über ihnen in den Himmel ragen.
Für einen Moment muss Marx an Hendrik denken. Hendrik

hatte manchmal so Sätze drauf wie aus irgendeinem Gedicht oder so. Die Eisenstreben der Brücke hängen wie schwarze Spinnenschatten vor dem Nachthimmel. So was in der Art. Hat ja auch Gedichte geschrieben. Jede Menge sogar.

Aber Marx will nicht mehr an Hendrik denken. Nicht immerzu. Es reicht.

Marx zieht hoch und spuckt einen ordentlichen Schleimbatzen übers Geländer.

Es ist noch nicht mal fünf und schon fast dunkel. Die Straßenlampen spiegeln sich auf dem ölverschmierten Kanalwasser. Jedes Mal wenn eine Bahn kommt, vibriert die ganze Brücke. Wenn man sich ans Geländer lehnt, spürt man es den Rücken hinauf, bis zum Halswirbel. Irgendwie geil.

Es nieselt. Marx zieht die Schultern hoch. Ihm ist kalt. Obwohl er die Lederjacke anhat. Die mit dem Fellkragen, die haargenau so aussieht wie die Jacken von den Ami-Piloten im Zweiten Weltkrieg. Marx hat jeden bescheuerten Film gesehen, den es darüber gibt. Pearl Harbour und so was. Aber die Typen müssen wirklich cool gewesen sein damals. Haben immer ihre Flugzeuge bemalt, mit Adlern oder Haifischen. Manchmal auch mit fast nackten Frauen. Immer blond, die Frauen, und mit großen Titten. Und daneben eine Strichliste für jeden Abschuss. Echt hart drauf, die Typen. Klar, irgendwie auch ziemlich daneben. Aber trotzdem. Und immer ein Kaugummi zwischen den Kiemen und die Hände tief in den Taschen ihrer Fliegerjacken vergraben.

Genau wie Marx. Auch wenn seine Jacke in Wirklichkeit nur aus dem letzten Winterschlussverkauf ist. Marx liebt sie trotzdem. Die Jacke und die ausgefransten Jeans mit den beiden Rissen am Hintern. Und die neuen Turnschuhe, klar. Aber am meisten die Jacke. Vielleicht auch, weil die Königin sie ihm mitgebracht hat. Seine Oma. Die echt was Besonderes ist. Irgendwie wie eine Königin eben. Auf alle Fälle anders als alle anderen Erwachsenen, die Marx kennt. Wenn sie was zu sagen hätte, würde garantiert einiges besser laufen. Und sie würde ihm wahrscheinlich auch viel öfter was mitbringen, wenn sie das Geld dazu hätte. Hat sie aber nicht.

Seine Alten dagegen haben Schotter ohne Ende. Deshalb will er auch gar nicht, dass sie ihm was schenken. Weil es nichts bedeutet. Weil es sie nicht kratzt. Bei Alex' Eltern ist es dasselbe. Aber Alex ist das egal. Er nimmt, was er kriegen kann.

Sie reden nicht viel, Marx und seine Kumpels. Wozu auch? Es gibt sowieso nichts zu sagen. Und dumm rumlabern müssen sie in der Schule schon genug. Marx nimmt einen langen Schluck. Rauchen und trinken, das ist es. Alles andere ist Schwachsinn. Okay, manchmal was machen noch. Um mal wieder einen Kick zu kriegen. Geht nicht anders. Muss sein. Damit man überhaupt merkt, dass man noch am Leben ist.

Alex rülpst. Er ist eindeutig schon wieder breit. Es wird nicht mehr lange dauern, bis er wieder kotzen muss. Alex kotzt immer. Aber kotzen gehört dazu. Platz machen für neuen Stoff, sagt Alex immer.

Krawinski ist auch schon gut angeschlagen heute. Stellt sich jetzt schwankend auf die Fahrbahn und wedelt mit den

Armen in der Gegend rum. Sieht aus wie eine Vogelscheuche, die irgendeiner vergessen hat. Marx muss grinsen.
Als ein Taxi hupend vorbeiknallt, streckt Krawinski dem Fahrer den Mittelfinger hinterher.
»Lass die Scheiße doch«, sagt Marie. Typisch, sie hat Schiss wegen nichts.
Was wird das denn? Der Typ steigt voll in die Bremse. Er muss was gesehen haben. Arschloch. Hält mitten auf der Kreuzung an und haut den Rückwärtsgang rein.
Der Chinese holt aus und schleudert seine Bierflasche. Als die Flasche auf der Fahrbahn aufkommt, klingt es, als würde sie explodieren.
Das Taxi rollt mit dem linken Hinterreifen genau über den gezackten Flaschenboden. Es knirscht, dann zischt auch schon die Luft.
»Selber schuld«, sagt Krawinski und wuchtet sich den halb leeren Kasten auf die Schulter. Es ist besser, wenn sie jetzt abhauen. Bevor der Taxifahrer noch auf dumme Gedanken kommt.
Sie stolpern über die Gleise zur anderen Seite rüber.

WUT 2

Es gibt Leute,
die ganz schnell wütend werden.
Wegen nichts und wieder nichts.
Die haben meistens einen roten Kopf
und fallen plötzlich stocksteif um
und sind tot.
Als hätte einer die Luft rausgelassen.
Und es gibt Leute,
die fressen ihre Wut in sich hinein
und kauen darauf herum,
bis die Wut ihre Eingeweide zerfressen hat
wie ein hinterhältiger Wurm.
Oder aber sie explodieren eines Tages.

Es gibt Leute,
die sich aus Wut betrinken.
Die aus Wut
das Geschirr zerschmeißen,
die aus Wut
ihren Hund treten,
ihr Kind schlagen,
ihre Frauen schlagen,
ihren Nachbarn erschlagen,
die nicht mehr wissen, wohin mit ihrer Wut.

Aber diese Wut meine ich nicht.
Meine Wut ist anders.
Und manchmal macht mich meine Wut auch einsam.
Dann könnte ich heulen vor Wut.

2.

Immer noch an der Brücke. Vielleicht eine Stunde später, vielleicht auch mehr. Viel ist nicht passiert . . .
Sie haben von der anderen Seite aus beobachtet, wie der Taxifahrer mit seiner Zentrale telefoniert hat. Dann ist er nach hinten zum Kofferraum und hat das Reserverad rausgeholt.
»Der ist bestimmt voll sauer jetzt«, hat Krawinski gemeint. Und Alex hat ausgeholt, als würde er wieder eine Flasche werfen, und laut bumm! gebrüllt. Woraufhin ihnen der Taxifahrer mit der Faust gedroht hat.
Als plötzlich ein Streifenwagen kam und gehalten hat, sind sie sicherheitshalber unter dem Brückenbogen in Deckung gegangen. Aber die Bullen haben sich nicht den schmierigen Pfad die Böschung runtergetraut. Haben nur mit ihren Taschenlampen ein bisschen in der Gegend rumgeleuchtet. Und dann waren sie weg und der Taxifahrer mit seiner Karre genauso.
Marx und die Kumpels haben wieder ein paar Flaschen weggegurgelt, und Alex hat gekotzt. Und dann haben sie noch alle nebeneinander in den Kanal gepinkelt. Nur Marie natürlich nicht. Entweder Mädchen halten länger durch oder müssen einfach nicht. Vielleicht trinkt sie auch nicht so viel. Nippt nur hin und wieder an der Flasche, die der Chinese in seiner Jackentasche hat. Wodka-Feige. Albern. Kindergartengesöff.

Der Chinese hat den Arm um Marie gelegt. Soll er doch. Und sie drückt sich an ihn, als wären sie immer noch zusammen oder so. Oder wieder. Egal. Sollen sie doch.
Der Nieselregen bildet inzwischen eine dünne Eisschicht auf dem Geländer. Marx ritzt mit dem Daumennagel über die glatte Fläche. Das Eis zerplatzt in tausend kleine Splitter. Wahrscheinlich braucht man mit der Schuhsohle nur fest genug aufdrücken, um genug Halt zu haben, denkt Marx.
Er weiß, das ist sein Ding jetzt. Die anderen warten nur darauf. Auch wenn sie nie was sagen würden. Sind eben Kumpels. Würden auch keine dummen Sprüche machen, wenn er jetzt nur mit der Schulter zuckt und sich eine neue Flasche aus der Kiste angelt.
Aber entweder jetzt oder gar nicht. Er hat genau die richtige Menge Stoff eingefahren, um gut drauf zu sein. So rein gleichgewichtsmäßig. Ist cool genug, um sich ein bisschen anzukicken. Aber jede Flasche mehr könnte definitiv zu viel sein. Das richtige Timing ist alles. So wie in der Zeitschrift, die er neulich beim Zahnarzt gelesen hat. Wo irgendwelche Russen mit Raupen-LKWs quer durch die Antarktis sind, um irgendwelchen anderen Russen in einer Forschungsstation Lebensmittel und allen möglichen Kram zu bringen. Bei fünfzig Grad unter null! Wenn dir die Eier wie Eiszapfen in der Thermohose hängen und bei jedem Schritt leise klirren. Und dann ist der Motor von dem einen LKW ausgefallen, und sie mussten einen Ersatzmotor einbauen. Haben sie auch hingekriegt, bloß als sie das Dieselöl auffüllen wollten, da ging gar nichts mehr. Das verdammte Dieselöl war so gut

wie tiefgefroren! Also haben sie ein Feuer gemacht und die Tonne mit dem Dieselöl mitten reingelegt. Und dann mussten sie nur genau den Zeitpunkt abpassen, an dem das Öl flüssig genug war, aber noch nicht explodierte. Nicht schlecht, die Nummer ...

»Okay«, sagt Marx, »packen wir's an.«

»Willst du echt?«, fragt Krawinski und fährt mit der Hand zweifelnd übers Geländer.

Marx nickt nur.

»Worum geht es überhaupt?«, fragt Marie.

Marx grinst sie an. Aber er sagt immer noch nichts. Bis Marie stottert: »Du willst doch nicht etwa ... du spinnst!«

»Du hast es«, sagt Marx und greift nach der Eisenstrebe, um sich hochzuziehen.

Genau wie er es sich gedacht hat. Wenn er den Fuß fest aufsetzt und jedes Mal kurz auf dem Ballen hin und her dreht, steht er sicher genug für den nächsten Schritt.

Marx zögert einen Moment, dann hat er sich entschieden. Er wird nicht wie sonst nur ein paar Meter auf dem Geländer balancieren, wo man jederzeit abspringen kann. Nein, er wird sich auf dem Rundbogen bis ganz nach oben in die Brückenkonstruktion hangeln. Und sich dann, freihändig stehend, in aller Ruhe die Hose aufknöpfen und in den Kanal runterpinkeln. Und dass Marie dabei ist, soll ihm nur recht sein. Soll sie ruhig sehen, dass er der Einzige ist, der sich wirklich was traut. Nicht nur auf der Straße rumhampeln und mit Flaschen schmeißen, sondern volles Risiko.

Marx hangelt sich bis zur nächsten Strebe. Das Eisen ist verdammt kalt. So kalt, dass seine Finger jetzt schon wie taub sind. Er würde sich gerne in die Hände hauchen, aber er traut sich nicht loszulassen. Auch nicht, um sich die Haare zur Seite zu streichen, die der Wind ihm immer wieder ins Gesicht weht. Seine Haare, auf die er mächtig stolz ist. Und die ihm seinen Spitznamen eingebracht haben. Er weiß noch genau, wie er sich irgendwann entschieden hat, einfach nicht mehr zum Friseur zu gehen. Nur so, und weil die anderen immer mehr aussahen wie irgendwelche Dumm-Glatzen.

»Willst du jetzt den Hippie spielen, oder was?«, hat Krawinski gestichelt, als seine Haare immer länger wurden.

Und der Chinese hat behauptet, alle Langhaarigen wären Greenpeace-Spinner. Oder mindestens Kommunisten, wie dieser Marx eben. Und das war's. Von da an war er für alle nur noch Marx. Aber er hat kein Problem damit. Ist ihm doch egal. Er ist so, wie er ist. Nicht zu fassen. Heute so und morgen vielleicht schon wieder ganz anders. Er lässt sich in keine Schublade stecken. Lässt sich nicht festnageln. Von keinem.

Je höher Marx kommt, desto rutschiger wird es. Und plötzlich kriegt er Schiss. Er merkt, wie ihm der Schweiß zwischen den Schulterblättern runterläuft. Seine Knie fangen an zu zittern. Er steht wie festgenagelt.

»Was ist los?«, ruft Krawinski. »Hast du Probleme oder was?«

Aber Marx traut sich nicht nach unten zu gucken. Er muss jetzt zwei, drei Meter über den anderen sein. Aber er hat noch nicht mal die Hälfte bis zum höchsten Punkt. Er muss an irgendetwas anderes denken. Bloß nicht daran, was passieren würde, wenn er wirklich wegrutscht.

»Komm zurück«, hört er Maries Stimme, »es reicht.«
Er schiebt den linken Fuß weiter nach oben. Ein schneller Griff, und er hat die nächste Strebe. Zieht vorsichtig das rechte Bein nach, klemmt die Schuhsohle zwischen die dicken Eisenschrauben, mit denen die Konstruktion verbunden ist. Ihm ist schwindlig. Sein Atem geht keuchend. Er muss reden, irgendetwas erzählen, damit die anderen nicht merken, was los ist. Ganz cool, damit er es selber auch nicht merkt.
»Als sie die ersten Brücken über den Hudson gebaut haben ... da haben sie Indianer geholt dafür ... weil sich sonst keiner getraut hat ...«
»Was laberst du da?«, ruft Krawinski hoch. »Was für Indianer?«
»In New York . . . die Indianer waren die Einzigen, die das konnten ... die konnten mit geschlossenen Augen bis raus auf die äußersten Streben balancieren . . . hundert Meter über dem Fluss ... die waren absolut schwindelfrei ... die konnten alles ...«
Es geht besser, wenn er redet. Es ist, als ob seine Füße von ganz alleine immer wieder Halt finden würden. Noch zwei Meter, dann ist er oben. Er darf bloß nicht aufhören zu reden. Die Indianer konnten sich mit einem Stück Eisen am Kranseil nach außen schwingen ...
»Die haben sich einfach fallen lassen ... und dann am Kranseil nach unten bis zur nächsten Strebe ... und die Schrauben rein und fertig ... die haben an einem Tag so viel Geld verdient wie die anderen in einem Monat nicht ...«
Er ist oben. Er hört, wie der Chinese einen schrillen Pfiff aus-

stößt. Und Krawinski klatscht Beifall und ruft irgendwas, was er nicht verstehen kann.

Das Blut rauscht in seinen Ohren. Und sein Herz hämmert wie verrückt. Außerdem ist ihm schlecht. Jetzt bloß nicht kotzen, denkt er. Nur schnell wieder runter. Aber runter ist schwieriger als hoch. Er tastet mit dem Turnschuh nach irgendeinem Halt. Die Sohle rutscht wie auf Schmierseife. Da! Jetzt . . . Er hat die nächsten Schrauben. Seine Finger lassen sich kaum noch öffnen, krampfen sich um das Stahlseil, wollen den Halt nicht aufgeben . . .

»Sei vorsichtig, Mensch, mach keinen Scheiß jetzt!«

Das ist Marie. Ihre Stimme klingt, als würde sie gleich flennen.

»Wenn du wegrutschst, schmeiß dich nach vorne, zum Kanal hin!« Krawinskis Stimme klingt nicht viel anders. Voller Panik. Oder war das Alex eben?

»Wenn er wegschmiert, kannst du es sowieso vergessen . . .«

Der Chinese! Klugscheißer. Coole Sau. Kameradenschwein. Aber würde sich wahrscheinlich in die Hose scheißen vor Angst, wenn er an Marx' Stelle wäre.

Marx löst seine verkrampften Finger. Als er den rechten Fuß hebt, kommt er sofort ins Rutschen. Er rudert wie wild mit den Armen.

Marie schreit auf. Marx knallt gegen die nächste Strebe, greift im letzten Moment zu, klammert sich fest. Klebt für einen Moment an dem kalten Eisen, aber es ist egal jetzt, scheißegal, er lässt los, rutscht, verfängt sich an den Schrauben, reißt den Fuß hoch, rutscht weiter, eine Strebe,

zwei Streben, dann springt er, kommt hart auf dem Fußweg auf, kippt nach vorne, knallt auf die Knie, der Schmerz treibt ihm die Tränen in die Augen, keuchend bleibt er hocken, bis Alex ihm auf die Schulter haut: »Geil, Alter, echt.«
»Du bist so blöd«, sagt Marie, »so saublöd.« Ihre Stimme zittert.
Krawinski drückt ihm eine Flasche in die Hand. Schwankend kommt er hoch, hat Mühe, die Flasche an den Mund zu setzen, seine Zähne schlagen gegen das Glas, er trinkt. Verschluckt sich. Spuckt einen Schwall Bier auf den Fußweg, im nächsten Moment kommt der halb verdaute Döner vom Nachmittag hinterher, er schafft es nicht mehr bis zum Geländer, kotzt auf den Fußweg und seine neuen Turnschuhe.
»Bäh«, macht der Chinese und legt wieder den Arm um Marie.
»Fuck«, sagt Krawinski.
Marx richtet sich auf und wischt sich mit dem Handrücken über den Mund.
»Das ist nur das verdammte Billigbier«, sagt er.
»Vor allen Dingen«, sagt der Chinese.
»Aber war trotzdem geil«, sagt Alex und boxt Marx noch mal gegen die Schulter.
»Los, lass uns eine Pizza einschieben«, meint Krawinski, »ich geb einen aus.«
»Ich gehe nach Hause«, sagt Marx.
»Man sieht sich.« Krawinski greift nach dem Bierkasten.
»Arschloch«, sagt Marie und blickt Marx für ein oder zwei Sekunden genau in die Augen, bevor sie hinter den anderen herläuft.

WUT 3

Ich habe Wut.
Tief in mir versteckt.
Und doch dicht unter der Oberfläche brodelnd.
Eine wütende Wut.
Nicht eiskalt
wie die Wut des Killers
mit dem Finger am Abzug,
kurz bevor die Hirnmasse des Präsidenten
als weißlich glitzernde Schmiere
an der nächsten Mauer klebt.
Nein, meine Wut ist glühend heiß,
blutrot und glutrot
wie ein Feuer,
das Funken sprühend
Löcher in die dunkle Nacht brennt,
wie ein Freudenfeuer.
In meiner Wut schmilzt das ewige Eis.

3.

Mittwoch. Noch später. Vor der Tür steht nur der 206. Der Angeber-Jeep ist nicht da . . .
Also ist sein Alter auch nicht da. Marx fummelt den Schlüssel ins Schloss. Er hat Glück, seine Mutter hat die Kette nicht eingehakt. Marx bückt sich und will die Schnürsenkel aufziehen. Der Geruch nach Kotze schlägt ihm entgegen. Halb verdauter Döner und Billigbier. Fast wird ihm wieder schlecht. Er zieht sich am Treppengeländer hoch und schluckt ein paar Mal, bis die Übelkeit nachlässt. Tritt sich dann, ohne hinzusehen, die Turnschuhe von den Füßen und stellt sie draußen vor die Tür. Wobei er krampfhaft versucht, den Atem anzuhalten. Was ihm aber nichts als einen neuen Schwindelanfall einbringt.
Seine Mutter ist im Bad. Er kann hören, wie sie sich in der Wanne bewegt.
»Ich bin wieder da«, ruft er durch die geschlossene Tür, »ich hau mich gleich hin!«
»Ich muss mit dir reden, ich komme gleich . . .«
»Ja, ja«, sagt Marx nur und geht aufs Gästeklo, um zu pinkeln. Sein Gesicht im Spiegel ist kreidebleich. Und seine Augen sind rot unterlaufen.
Er pellt sich aus den nassen Klamotten. Greift sich wahllos irgendeinen Pullover und hockt sich vor seinen Schreibtisch. Knipst die Lampe an und starrt vor sich hin, ohne irgendetwas zu sehen.

Die Königin hat gesagt, er soll es aufschreiben. Sich von der Seele schreiben. Er weiß nicht, ob es hilft. Aber egal. Schlimmer kann es nicht mehr werden ...
Das Schreibheft ist in der untersten Schublade. Gut versteckt unter einem Stapel zerfledderter Comichefte, die seine Mutter nicht mal mit spitzen Fingern anfassen würde. Japanische Comics. Haben richtig Geld gekostet. So was Ähnliches wie James Bond, nur brutaler. Viel brutaler. Und eigentlich ziemlich bescheuert. Von der Handlung her und so. Auch irgendwie ziemlich fies gegenüber Frauen. Immer nur jede Menge Tussis mit dicken Titten, die es sich auf mindestens jeder dritten Seite ordentlich besorgen lassen. Wobei ALLES zu sehen ist. Bis aufs kleinste Detail. Jedes Haar und alles.
Marx schlägt sein Schreibheft auf. Wenn er irgendwann nicht an seinem eigenen Gekrakel scheitern will, sollte er demnächst vielleicht lieber ohne Alk in der Birne weiterschreiben. Aber ohne Alk wird es nicht gehen. Ohne Alk kriegt er keinen einzigen Satz hin.
»Die Sache mit Hendrik« steht quer über die erste Seite geschmiert, und am unteren Rand ist ein Hanfblatt gemalt. Eine Flasche, eine Bombe mit Zündschnur, ein Messer, eine nackte Frau, noch ein Hanfblatt, ein Grabstein. Bescheuert. Aber manchmal ist es einfacher, irgendetwas hinzukritzeln, als stundenlang über dem nächsten Satz zu brüten.
Marx blättert um.

Ich weiß nicht mehr, wer die Idee hatte. Wahrscheinlich Hendrik selber, weil er früher mit seinen Eltern schon immer dahin gefahren ist. Doch, es war Hendrik, ich erinnere mich

ganz deutlich, wie er in der ersten großen Pause ankam und plötzlich gesagt hat: »He, Leute, ich weiß, was wir im Sommer machen.« Richtig geschwärmt hat er, dass der Campingplatz genau hinter den Dünen liegen würde, im Wald. »Pinien«, hat er gesagt, »das Harz riecht total irre, wirst du schon breit nur vom Geruch, und alles Sandboden, und nachts hörst du die Brandung und so.« Weil es nur fünf Minuten bis zum Meer wären, hat er gesagt, und vorne am Parkplatz würde es eine Pizzeria geben und eine Diskothek und alles, und außerdem wäre es so heiß, dass man den ganzen Tag baden könnte und auch nachts nur ein T-Shirt braucht. Aber das Beste wäre, dass auf dem Platz lauter Jugendliche wären, von überall her, auch Holländer und Schweden und so.
»Auch Frauen?«, hat Krawinski gefragt.
»Klar, und warten nur darauf, dass sie einer flachlegt.«
»Und was ist mit Alk und Dope und so?«, wollte Alex wissen.
»Ist für alles gesorgt«, hat Hendrik gegrinst, »ohne Ende. Aber vom Feinsten!«
Das muss irgendwann im April gewesen sein, und er hat uns echt den Mund wässrig gemacht. Wir mussten nur irgendeine Lösung finden, wie wir hinkommen würden, weshalb wir dann auch den Chinesen gefragt haben, weil der Chinese schon achtzehn war und einen Führerschein hatte. Und vielleicht das Auto von seinem Bruder kriegen konnte.

Bis hierhin hat er neulich irgendwann geschrieben. Dann hatte er keine Lust mehr. Nicht gerade viel bisher. Und vor allem noch lange nichts von dem, worum es eigentlich geht.

Aber erst mal überhaupt was hinschreiben. Wie alles angefangen hat und so. Ist schon schwierig genug.
Marx kramt den Füller aus seinem Rucksack . . .

Klar, unsere Alten waren überhaupt nicht begeistert, keiner von ihnen, meine am wenigsten. Als hätten sie schon irgendwas geahnt. Wollten lieber, dass ich mit irgendeiner Jugendgruppe nach Kroatien fahren sollte, Kirche oder so, und Alex' Eltern haben ewig rumgezickt, dass es am Atlantik viel zu gefährlich wäre, wegen irgendwelchen Strömungen und weil die Wellen zu hoch wären und noch mehr von solchem Quatsch.
Aber Alex hat ihnen erklärt, dass man auch im Mittelmeer gut absaufen könnte, wenn man nur breit genug wäre. Und ich habe ihnen erzählt, was bei Jugendgruppen so abgeht, mit Sex und so und alle in einem Zelt, und dass ich keine Lust hätte, mir Aids zu holen. War nicht unbedingt logisch, aber hat trotzdem funktioniert. Ich glaube, mein Alter hatte vor allem Angst, dass ich irgendwie haufenweise Kinder machen würde da.
Jedenfalls durften wir dann doch, und das Auto haben wir auch gekriegt, weil der Bruder vom Chinesen nach Mallorca geflogen ist. War nur total eng für fünf Leute, weil es nur so ein Scheiß-Corsa war und wir ja auch noch das Zelt dabeihatten und alles. Ein VW-Bus wäre natürlich besser gewesen, aber hatten wir ja nicht. Der Corsa war auch ganz schön runtergeschrubbt, aber war ja eigentlich klar, weil der Bruder vom Chinesen . . .

Was soll das eigentlich, denkt Marx, so wird das nichts. Ist doch völlig egal, mit was für einem Auto sie gefahren sind. Wen interessiert das?
Marx starrt auf seine Finger, die den Füller halten. Sein Zeigefinger ist ganz gelb. Der Daumenrand genauso. Nikotin. Marx ist der Einzige, der die Kippen zwischen Daumen und Zeigefinger hält. Die anderen machen auch regelmäßig ihre Witze darüber. Dass er an den Kippen nuckeln würde wie ein Baby am Schnuller.
Er hört, wie seine Mutter aus dem Bad kommt. Gerade noch rechtzeitig zieht er sein Matheheft über die Kladde. Dann steht sie auch schon im Zimmer . . .
»Ich muss mit dir reden!«
»Man muss tun, was man tun muss«, antwortet Marx, ohne sich umzudrehen.
»Verdammt noch mal, Sebastian, guck mich gefälligst an, wenn ich mit dir rede!«
Jetzt regt sie sich schon wieder auf. Ohne dass sie auch nur einen einzigen vernünftigen Satz gewechselt hätten. Aber so ist es immer. Die Alte nervt. »Lady D.« nennt er sie deshalb im Geheimen. »D« wie Dorothea. So heißt sie. Aber auch »D« wie Death. Weil sie ihn so tödlich nervt.
»Bitte schön«, sagt Marx und dreht sich zur Tür, »was gibt's?«
Dann langt er noch mal nach hinten und richtet die Schreibtischlampe auf das Gesicht seiner Mutter.
Sie hält sich die Hand vor die Augen.
»Hör auf mit dem Blödsinn, ich meine es ernst.«
»Ich auch«, sagt Marx und grinst.

Mit zwei schnellen Schritten ist sie bei ihm und dreht die Lampe zurück.
Marx zuckt nur mit der Schulter.
»So hat das doch keinen Zweck«, sagt seine Mutter.
»Stimmt«, sagt Marx.
Für einen Moment blickt seine Mutter sich ratlos um, bevor sie sich auf die Bettkante setzt. Mit der flachen Hand klopft sie auf die Matratze.
»Ich habe heute Mittag dein Bett neu bezogen ...«, setzt sie an.
Alles klar, Marx ahnt, was jetzt kommt. War ja auch schön blöd von ihm. Aber konnte ja auch keiner ahnen, dass sie sich an seinem Bett zu schaffen machen würde.
»Du weißt, was ich dabei unter deinem Bett gefunden habe, oder?«
»Klar«, sagt Marx. »Tut mir leid, ich bin nicht mehr dazu gekommen, zum Container zu latschen.«
»Und das ist alles, was du dazu zu sagen hast?«
»Ja, wieso? Ich meine, schon klar, war blöd, aber ...«
»Sebastian!« Seine Mutter funkelt ihn an, als wäre eine frisch zerlegte Leiche unter seinem Bett gewesen.
»Mann, waren doch nur Flaschen, keine Pornos und nichts, was regst du dich so auf?!«
»Ich habe vier Plastiktüten mit leeren Flaschen unter deinem Bett hervorgeholt, und nicht nur Bierflaschen, außerdem auch noch Wodka ...« Sie nimmt die Finger zu Hilfe, als sie die verschiedenen Alkoholsorten aufzählt: »Apfelkorn, Rum, Sekt und ... und was weiß ich noch alles! Von der Flasche Wein, die eindeutig aus Papas Keller stammte, mal ganz zu schweigen!«

»Aber trotzdem nur Flaschen, oder? Und alle leer! Also . . .«
»Hast du die denn alle allein getrunken? Sebastian, ich glaube es nicht mehr . . .«
Mann, wie blöd ist sie eigentlich? Was glaubt die überhaupt? Er ist doch kein Alki!
»Natürlich nicht«, sagt er und zeigt ihr einen Vogel. »Du spinnst ja, aber echt. Natürlich mit meinen Kumpels, ist doch klar. Sind auch noch Flaschen von meinem Geburtstag dabei gewesen, alles im grünen Bereich, du kannst dich wieder abregen . . .«
Sie guckt ihn an. Und macht die Augen zu, als könnte sie es nicht mehr ertragen. Leise sagt sie: »Denk an Hendrik, du weißt, was passiert ist!«
»Lass Hendrik aus dem Spiel«, sagt Marx ganz ruhig. Aber seine Stimme zittert. »Hendrik geht dich überhaupt nichts an.«
Seine Mutter flackert mit den Augen. Dann beißt sie sich auf die Unterlippe. »Müsst ihr wirklich so viel trinken? Ist das nötig?«
Oh Mann! Marx will nur noch, dass sie geht. Ihn in Ruhe lässt. Für immer.
»Ja, ist es«, sagt er, »wir wollen schließlich auch mal ein bisschen Spaß haben. Und ihr trinkt doch selber! Was ist denn das mit Papas Weinkeller? Hast du dir überhaupt schon mal überlegt, was der ganze Stoff kostet, den er da gebunkert hat? Mann, dafür könntest du dir glatt eine neue Karre kaufen! Zwei sogar!«
»Das ist was anderes«, sagt seine Mutter.
Darauf hat Marx nur gewartet.

»Was anderes, ja? Das ist was anderes?! Haha, da wüsste ich aber was davon, ihr sauft wie die Löcher, und das ist dann was anderes, wieso überhaupt? Nur weil der Stoff teurer ist, mit dem ihr euch die Birne zudröhnt, oder was?«
Marx hat sich weit nach vorne gebeugt auf seinem Drehstuhl. Und seine Hände krallen sich in das Sitzpolster.
»Oder weil Papa es sonst nicht mehr bringt, hä? Was ist der Grund? Oder bringst du es nicht mehr ohne Alk?«
Jetzt ist er zu weit gegangen.
Seine Mutter springt auf.
Sie schreit.
»Das lasse ich mir nicht bieten von dir, du ... du ...«
Gleich wird sie anfangen zu heulen.
»Es reicht!«, schreit sie. »Ich habe die Nase endgültig voll! So nicht, du, das sage ich dir! Ich verbiete dir ab sofort jeden Alkohol! Klar?! Ob das klar ist, will ich wissen!«

WUT 4

Ich habe mich nie auf den Fußweg geworfen
und mit den Fäusten
auf die Pflastersteine eingeschlagen.
Aber wütende Studenten
haben mit Pflastersteinen auf Polizisten geworfen.
Das habe ich gelesen.
Während die Punks
meistens nur mit Bierdosen werfen.
Woraufhin die Polizisten
trotzdem ihre Knüppel rausholen
und losknüppeln.
Oder mit ihren Pferden mitten in die Menge reiten.
Wut macht also auch Gegenwut.
Aber dazu muss erst mal einer gemerkt haben,
dass du wütend bist.
Sonst passiert überhaupt nichts.

Als Kind bin ich mal auf einen Baum geklettert.
Aus Wut.
Bis ganz nach oben bin ich geklettert.
Bis es nicht mehr weiterging.
Und ich habe mich geweigert,
wieder runterzukommen.
Egal, wie sehr sie gebeten und gebettelt haben.

Ich habe stundenlang auf meinem Baum gehockt
und über die Felder gestarrt.
Bis meine Wut verschwunden war
und ich gar nicht mehr wusste,
weshalb ich überhaupt auf dem Baum saß.
Bis mir nur noch der Hintern wehtat.
Bescheuert.
Ich meine, das bringt doch nichts.
Genauso gut kannst du gleich
den Kopf in den Sand stecken.
Oder dich umbringen.

4.

Zwei Tage später, morgens gleich nach der ersten großen Pause, auf dem Schulklo . . .

Der Chinese lehnt mit dem Rücken an der Tür. Die Klinke haben sie mit der Trittleiter aus dem Putzraum blockiert. Krawinski kritzelt mit dem Edding irgendwelche dummen Sprüche auf die Kacheln über der Pissrinne. Unser täglich Dope gib uns heute, und so was. Alex hockt auf einer Kloschüssel und baut einen Joint so dick wie sein Daumen. Marx reißt einen schmalen Streifen vom Pappdeckel eines zerfledderten Donald-Duck-Comics. Es gibt nichts Besseres als Filter.

»Habt ihr den Film gestern gesehen?«, fragt Alex, während er mit der Zunge über die Papierkante leckt: »**Last man standing**, mit Bruce Willis.«

»Kenn ich«, sagt der Chinese, »kennt jeder.«

»Trotzdem geil«, sagt Alex und knipst sein Feuerzeug an.

»Völlig bescheuert«, meint Marx, »Amerika. 1920 oder so. Da haben sie denen echt den Alkohol verboten, aber gebracht hat es gar nichts, siehst du ja.«

Alex pafft ein paar Mal, bis der Joint richtig brennt, dann inhaliert er tief und hält die Luft an.

»Heute auch noch?«, fragt Krawinski und steckt den Edding weg. »Wusste ich gar nicht.«

»Quatsch.« Der Chinese tippt sich an die Stirn. »Heute doch nicht mehr. Hat er doch gerade gesagt. 1920 oder so.«

»Kann ich doch nicht wissen«, sagt Krawinski.
Alex stößt den Rauch aus. Und muss husten. Als er wieder Luft bekommt, reicht er den Joint an Marx weiter. Dann sagt er: »Aber voll pervers in Amerika heute. Kriegst du Alkohol erst, wenn du einundzwanzig bist. Bescheuert.«
»Und wieso?«, fragt Krawinski. »Ich meine, was soll das?«
Marx hält ihm den Joint hin.
»Dummes Zeug«, sagt er, »sonst gar nichts.«
»Voll pervers«, wiederholt Alex.
»Typisch Amerika«, lässt sich der Chinese von der Tür her vernehmen, »und wenn du mit Dope erwischt wirst, wanderst du gleich in den Bau. Die machen echt keinen Unterschied, ob Dope oder Heroin, ist für die alles dasselbe.«
»Ist doch hier genauso ...« Marx streckt die Hand aus.
Aber Krawinski schüttelt den Kopf. »Immer schön der Reihe nach.«
»Lass mal, ich will sowieso nicht«, sagt der Chinese.
»Selber schuld«, meint Krawinski und zieht zum zweiten Mal.
»Du sabberst, du Sau!«, schimpft Alex.
Irgendjemand versucht, die Klinke runterzudrücken. Marx hält sich den Zeigefinger vor die Lippen. Sie stehen vornübergebeugt und lauschen mit angehaltenem Atem.
»Scheiße«, sagt ein dünnes Stimmchen. Dann folgt ein Tritt gegen die Tür. Dann rennt jemand weg.
»Siebtklässler oder so«, stellt der Chinese fest. »Macht sich wahrscheinlich gleich in die Hose.«
»Lass uns abhauen«, erklärt Marx. »Bevor der Kurze mit einem Lehrer zurückkommt ...«

Er nimmt einen letzten Zug. Dann wirft er den Stummel ins Klo.

»Bist du blöd?«, regt sich Alex auf. »Da war noch locker was zu ziehen, Mann . . .«

Marx stellt das Fenster auf Kipp. Feuchte Luft weht ins Klo. Krawinski lässt eine Tüte Fishermen's Friend rumgehen. Der Chinese räumt die Trittleiter beiseite.

Als sie auf den Gang kommen, laufen sie geradewegs dem Schulleiter in die Arme.

»Was ist hier los?«

»Wieso?«, fragt der Chinese scheinheilig.

»Habt ihr keinen Unterricht?«

»Alex ist schlecht geworden«, erklärt Marx.

»Aber voll«, nickt Alex.

»Und da musstet ihr ihn natürlich begleiten . . .« Der Schulleiter nickt. »Zu dritt, ganz klar.«

»Genau«, sagt Marx und grinst.

»Kommt mal mit!« Der Schulleiter packt Marx und Krawinski am Arm und schiebt sie zurück auf die Toilette. Er blickt sich um. Sieht das gekippte Fenster, guckt in jede Klokabine, entdeckt die aufgelösten Reste des Joints in der Schüssel.

»Was ist das?«

Marx zuckt die Schultern.

»Keine Ahnung.«

Alex beugt sich vor. »Bah, ist ja eklig, wird mir ja gleich wieder schlecht, wenn ich das sehe!«

»Taschen ausleeren«, verlangt der Schulleiter.

»Waaas?!«, macht Krawinski.

»Jetzt. Sofort. Einer nach dem anderen. Du fängst an!« Er

zeigt auf den Chinesen. »Leg die Sachen da aufs Fensterbrett ...«
»He, das dürfen Sie doch gar nicht«, regt sich Krawinski auf, »das ist doch verboten! Oder etwa nicht?«
Krawinski blickt zu Marx. Dann zu dem Chinesen. Aber der leert schon seine Taschen aus. Einen Kugelschreiber, eine Quittung vom Supermarkt, ein einzeln verpacktes Kondom, sein Schlüsselbund, sein Angeberhandy mit integrierter Kamera und allem.
Jetzt ist Marx an der Reihe. Schlüsselbund, Portemonnaie mit drei Euro, eine alte Straßenbahnfahrkarte, ein Päckchen Tabak, das Donald-Duck-Heft mit dem eingerissenen Umschlag, das Nokia mit der Chipkarte, die schon lange aufgebraucht ist.
Alex zieht nur ein zusammengeknülltes Taschentuch aus der Hose, das aussieht, als hätte er sich nicht nur die Nase damit abgewischt. Und sein Feuerzeug. Möchte wissen, wo er den Rest Dope so schnell hingesteckt hat, denkt Marx.
Der Schulleiter blickt Krawinski an.
»Nee, mit mir nicht«, sagt der, »das ist doch Freiheitsberaubung, oder? Dürfen Sie das überhaupt? Das dürfen Sie doch gar nicht!«
Der Schulleiter sagt nichts. Hält nur die Hand auf. Krawinski verdreht die Augen und fördert eine Packung Kaugummi zutage. Die Tüte Fishermen's. Eine fast volle Schachtel Kippen. Und den verdammten Edding.
Der Schulleiter zieht die Augenbrauen hoch. Aber er bleibt ganz ruhig. Was die Sache allerdings auch nicht besser macht. »Du weißt, was das bedeutet, oder?«

»Hä?«, macht Krawinski, »wieso denn? Was hab ich denn damit zu tun?« Sein Blick flackert zu den bekritzelten Kacheln über der Pissrinne hinüber.

Der Schulleiter schüttelt den Kopf: »Leute, ich kapier es einfach nicht. Seid ihr wirklich so blöd? Ihr kennt die Regeln, also, was soll das?«

Er hat recht, schießt es Marx durch den Kopf, aus seiner Perspektive jedenfalls. Nein. Nicht nur aus seiner Perspektive. Wie blöd sind wir eigentlich, verdammt, was ist los mit uns?

Krawinski regt sich immer noch auf.

»He, Mann, als ob das so schlimm wäre, ich meine, ist doch überhaupt nichts weiter ... ich hab doch nur ...«

Krawinski stottert noch irgendetwas Unverständliches, dann bricht er mitten im Satz ab.

»Aber er hat recht, oder?«, versucht Marx ihm jetzt zu Hilfe zu kommen. »Wenn man die Klotür bekritzelt, ist man dran. Wenn man mit Dope erwischt wird, ist man dran. Wenn man schwänzt, ist man dran. Aber dass ständig irgendwo Krieg ist und dass es Leute gibt, die viel Geld daran verdienen, wenn andere krepieren, das interessiert keinen! Das ist in Ordnung, oder was?«

»Interessante Frage«, nickt der Schulleiter, »steht hier aber nicht zur Debatte.« Er zeigt auf Krawinski. »Du kriegst eine Konferenz, das ist klar. Und jetzt macht, dass ihr zurück in den Unterricht kommt.« Dreht sich um und lässt sie einfach stehen.

»Fuck«, sagt Krawinski.

»Voll der Arsch«, meint Alex.

»Ich weiß nicht«, sagt der Chinese. »Irgendwie . . . also für einen Moment habe ich fast gedacht . . .«
»Ich weiß, was du meinst«, erklärt Marx und schiebt die Hände in die Taschen, »aber das macht es nur noch schlimmer.«
»Wo hast du überhaupt das Dope so schnell hingesteckt?«, will Krawinski von Alex wissen.
Alex zeigt das zusammengeknüllte Taschentuch.
»Nicht schlecht«, meint der Chinese. »Okay, Leute gehen wir hoch oder was . . . was ist?« Er guckt Marx an.
»Ich komm nicht mit. Ich hau ab. Hab noch was zu tun.«
Alex starrt ihn an, als hätte er nicht mehr alle Tassen im Schrank. »Bist du blöd, Mann?! Der hat uns doch voll im Blick jetzt, Mann!«
Marx zuckt mit der Schulter und schiebt ab. Ohne noch ein Wort zu sagen. In Richtung Ausgang. Von allem nichts mehr sehen. Sollen sie ihm doch einen reinwürgen wegen Schwänzem. Oder wegen Doperauchem oder was auch immer. Weil er der Freund von Krawinski ist. Weil seine Jeans am Hintern aufgerissen ist. Weil sein Alter ein Arschloch ist. Ist ihm doch egal. Last man standing. Dead man walking.
Als er an der Tür ist, hört er Alex rufen: »Und was ist mit heute Abend? Rockhouse und so, weißt du nicht mehr? Hast du vergessen oder was?«
Marx hebt nur den linken Arm mit dem ausgestreckten Mittelfinger.

WUT 5

Wespen werden wütender als Bienen,
heißt es,
und zehn Hornissenstiche können ein Pferd töten.
Auch Hunde sind wütend.
Wütende Hunde,
die erst beißen und dann bellen,
die mit hochgezogenen Lefzen
geifernd im Gitter hängen,
tollwütige Hunde,
hilflos wütend,
mit Schaum vorm Maul
und blutunterlaufenen Augen,
die abgeschossen gehören,
bevor sie Schlimmeres anrichten können.

Das englische Wort für »wütend« ist »furious«.
»Fury« haben sie das Pferd damals genannt,
weil es ein wütender Teufel war.
Fury in the Slaughterhouse.
Da endest du dann mit deiner Wut.
Oder in irgendeiner Irrenanstalt.
In the nuthouse.
In der Gummizelle.
Wer wütende Hengste zähmen will,
dem reicht die Hand nicht aus,

heißt es irgendwo bei Shakespeare.
Also kommst du in die Zwangsjacke,
wirst auf dem Eisenbett fixiert,
wirst ruhiggestellt.
Nicht mehr wütend,
nur noch dumm.
Dumm und dumpf
wie wiederkäuende Kühe,
denen in der Mittagshitze
grün schillernde Schmeißfliegen
in die Augenwinkel kriechen
und sich in die nur noch leise
bebenden Nüstern setzen.

Friedrich, der alte Wüterich.
Der wusste, was los war.
Sie haben es ihm ja oft genug gesagt.
Wer sich die Fingernägel nicht schneidet
und die Haare nicht bürstet,
wer seine Suppe nicht essen will
und nicht guckt, wo er hintritt,
der fällt in die Pfütze.
Oder in den Kanal.
Und weg ist er.
Das hat er dann davon.
Und zurück bleibt noch nicht mal ein Loch.

Wenn Nashörner wütend werden,
ist es nicht mehr witzig.
Ein wütendes Nashorn
kann glatt einen ausgewachsenen Baum umrennen.
Von dem Jeep des Jagdaufsehers
mal ganz zu schweigen.
Auch das Meer kann wütend werden.
Und brüllen und toben,
dass einem angst und bange wird.
Und sie können Deiche bauen
so viel sie wollen,
es hilft ihnen doch nichts.

5.

Nach dem Mittagessen. Marx hatte einen Döner und zwei Colas. Jetzt hockt er vor seinem Schreibtisch ...
Der CD-Player ist bis zum Anschlag aufgedreht. Irgendein Reggaescheiß. Volles Brett auf die Leitung.
Seine Mutter fuhrwerkt im Flur mit dem Staubsauger rum. Aber sie hat keine Chance gegen die vereinigten Rastamänner aus Kingston, Jamaika. Stand up and fight for your right.
Marx hat nicht gelogen, als er vorhin gesagt hat, er hätte noch was zu tun. Er hat noch was zu tun. Was Besseres jedenfalls, als in der Schule rumzuhängen. Und in Werte und Normen darüber diskutieren zu dürfen, ob es ausländerfeindlich ist, zu Krawinski zu sagen, dass er aus Polen kommt. Was soll der Quatsch?
Krawinski kommt aus Polen. Und hat selber gesagt, dass er der Erste ist, der sich irgendwann eine dicke Karre unter den Nagel reißt und den Abflug macht. Das einzige Problem ist, dass Krawinski keinen Führerschein hat. Und wahrscheinlich so schnell auch keinen kriegen wird. Ist sogar durch die Theorie fürs Moped gefallen. Die Frage war, ob ein Radfahrer, der von rechts kommt, Vorfahrt hat. Und Krawinski hat angekreuzt: »Natürlich nicht, ist doch nur ein Radfahrer.« Aber Krawinski ist ja sowieso erst fünfzehn. Ist der jüngste von ihnen. Und der Chinese ist am ältesten. Klar, ist ja auch schon zweimal sitzen geblieben.

Marx fummelt die leere Patrone aus seinem Füller. Die Schachtel mit den Ersatzpatronen ist spurlos verschwunden. Vielleicht hat er auch vergessen, welche zu kaufen.
Er spitzt einen Bleistiftstummel an. Soll ohnehin besser sein. Hat er neulich erst gelesen. Schriftsteller arbeiten immer mit Bleistiftstummeln. Obwohl, er ist ja kein Schriftsteller. Will auch gar keiner sein. Will nur eine Geschichte schreiben. Das ist ein gewaltiger Unterschied ...

Wir sind über Paris gefahren, und der Chinese ist fast ausgeflippt, weil er so viel Verkehr noch nie gesehen hatte. Außerdem gibt es da so ein Spiel oder einen Wettkampf für die Ringautobahn um Paris, da verabreden sich die Motorradfahrer, wer es am schnellsten einmal rumschafft, und dann knallen die volle Kanne zwischen den Autos durch, und einmal hätte der Chinese auch fast einen erwischt, der da mit mindestens zweihundert ankam, dass der Chinese ihn echt im Rückspiegel gar nicht gesehen hat, weshalb er dann auch nicht in die Stadt reinwollte und wir einfach weitergefahren sind.
Abends waren wir dann in Royan. Das ist schon am Meer, und von da geht es mit einer kleinen Fähre über die Flussmündung, wobei die Fähre so teuer war, dass wir echt überlegt haben, ob wir nicht runter nach Bordeaux fahren und dann auf der anderen Seite wieder hoch. Aber der Chinese war sowieso schon voll fertig, und bis Bordeaux hätte er es gar nicht mehr geschafft, weshalb wir dann doch die Fähre genommen haben. Von da nach Le Gurp war es nicht mehr weit, und die Straße ging schnurgerade durch Pinienwälder

und wir hatten die Fenster auf, und Hendrik hat andauernd gefragt: »Riecht ihr das? Ist das nicht geil?«

Aber stimmte schon, es roch wirklich geil, nach Pinien und heißem Sand und Heidekraut und so, und an so einer Kreuzung dann hat sich der Chinese noch mal verfahren, obwohl sogar Le Gurp schon dranstand, aber er ist trotzdem falsch abgebogen, und dann sind wir wieder durch Pinienwälder gefahren, und langsam wurde es dunkel, und als wir endlich da waren, waren wir irgendwie fast wie besoffen.

Auf dem Campingplatz gab es einen Teil, wo fast nur Jugendliche waren, und wir haben noch einen Platz gefunden direkt am Zaun, wo es in die Dünen geht, und haben das Zelt aufgebaut. Eigentlich wollten wir auch noch irgendwas kochen, Spaghetti oder so, aber dann kamen ein paar Typen aus Bremen und hatten Bier dabei, also haben wir Bier getrunken. Aber ich bin dann sowieso erst mal durch die Dünen zum Meer, einfach nur so, weil ich zum Meer wollte, und es war total irre. Irre schön irgendwie. Ich habe mich an den Strand gesetzt und die Füße im Sand vergraben und aufs Meer geguckt. Wie die Brandung in der Dunkelheit geleuchtet hat und so. Und der Himmel war am Horizont noch ganz hell, und wenn ich den Kopf in den Nacken gelegt habe, waren direkt über mir große Wolken und dahinter der Mond. Ich weiß nicht mehr, wie lange ich da einfach nur gesessen habe, aber dann kam Hendrik und hat sich neben mich in den Sand geworfen und gesagt: »Ist das geil, Alter?«

Er war immer noch total aufgeregt und auch schon ein bisschen betrunken, und er hatte noch einen Sixpack dabei, den

haben wir dann zusammen leer gemacht, aber waren auch nur kleine Flaschen und außerdem französisches Bier, also eigentlich null Alkohol. Dann ist Hendrik plötzlich aufgesprungen und nach vorne zum Wasser gerannt und hat einfach die Klamotten ausgezogen und ist rein.
»Los, komm, Alter«, hat er geschrien, »das ist es! So fühlt sich das an, wenn du lebst!«
Aber ich bin nur bis zu den Knien rein, weil das Wasser doch ganz schön kalt war und ich auch irgendwie Schiss hatte wegen der Wellen und weil man im Dunkeln echt nicht sieht, wie tief es ist und wie weit man reinkann.
»Weichei!«, hat Hendrik gesagt, als er rauskam, aber er hat dabei gelacht, und außerdem war er total glücklich, irgendwie wie ein kleines Kind oder so.
Als wir zum Campingplatz zurückkamen, waren die anderen voll am Feiern, und es waren auch Frauen da, ich glaube, welche aus der Schweiz oder aus Bayern oder von irgendwo da, jedenfalls konnte man kein Wort verstehen, was sie gesagt haben, aber sie konnten ganz gut trinken, und als wir dann alle los sind zum Parkplatz, ist die eine schnell aufs Klo, um zu kotzen.
Auf dem Parkplatz waren mindestens hundert Leute und alle gut drauf. Auch ein paar Franzosen aus dem Dorf, aber die meisten waren vom Camping. Und ein Typ mit einem VW-Bus war da, der hatte hinten zwei fette Basstöner drin und die Heckklappe auf, war zwar Techno, aber passte irgendwie.
Wir haben erst eine Weile rumgestanden und mit allen möglichen Leuten gequatscht, und Krawinski hat von irgend-

wem noch Bier gekauft, und dann haben Hendrik und ich bei dem Spiel mitgemacht.
Immer zwei Mannschaften gegeneinander. In die Mitte werden ein paar leere Flaschen gestellt, die eine Mannschaft wirft dann mit Pinienzapfen nach den Flaschen, und wenn einer getroffen hat, muss die Mannschaft so viel Bier exen wie möglich. Bis die anderen die Flaschen in der Mitte wieder aufgestellt haben, dann geht es umgekehrt weiter. Hendrik war echt einsame Spitze. Er hat so viele Flaschen geext, dass wir fast jedes Spiel gewonnen haben. Und alle haben drum rumgestanden und Beifall geklatscht . . .

Marx' Mutter haut gegen die Tür. Für einen Moment weiß Marx nicht, was los ist. Wo er überhaupt ist. Er reibt sich mit der Hand übers Gesicht. Langt zur Brüllbox rüber und dreht die Lautstärke runter.
»Sebastian, mach auf! Telefon für dich!«
Schwerfällig kommt Marx hoch, dreht den Schlüssel. Seine Mutter hält ihm Hörer und Apparat hin. Mit einem Gesicht, als wäre sie gestört worden und nicht er. Wortlos nimmt er ihr das Telefon ab und schiebt die Tür mit dem Fuß zu.
»Ja?«
»Marx?«
»Ja . . .«
»Ich bin's, Marie. Kommst du heute Abend?«
»Hä?«
»Die anderen wollen ins Rockhouse . . .«
»Und was hab ich damit zu tun?«
Marx kann sich immer noch nicht richtig konzentrieren. In

Gedanken ist er noch am Atlantik. Nachts. Auf dem Parkplatz von Le Gurp. Und Hendrik ext ein Bier nach dem anderen, während alle um ihn rumstehen und ihn anfeuern.
»Mann, ich wollte nur sagen, du kannst auch vorher schon kommen . . .«
Marie ist schlecht zu verstehen. Und sie scheint nicht alleine zu sein. Irgendjemand ruft etwas aus dem Hintergrund.
»Alex ist auch schon da. Und Sandra. Wir wollen ein bisschen Party machen, weißt du? Meine Eltern sind nicht da. Was ist, kommst du? Jetzt gleich, meine ich . . . Na, los, komm doch einfach . . .«
Was will Marie überhaupt von ihm? Wieso ruft sie ihn plötzlich an? Sie ruft doch sonst auch nicht an.
Marx blickt auf die Uhr. Fast sechs schon. Dann hat er fast vier Stunden geschrieben! Das kann nicht sein.
»Marx!«
Maries Stimme klingt irgendwie komisch. Ganz anders als sonst.
»Ist der Chinese auch da?«, fragt Marx. Obwohl er das gar nicht fragen wollte. Aber er fragt trotzdem.
»Nein«, sagt Marie. »Was ist jetzt? Kommst du?«
»Ich weiß nicht . . .«
»Du bist blöd«, sagt Marie.
»Ich weiß«, sagt Marx.
Marie legt auf.
Marx steht noch einen Moment mitten im Zimmer, mit dem Hörer in der Hand, und hört auf das Tuten in der Leitung. Und hat wieder das Bild vor Augen, wie Hendrik plötzlich nach vorne stolpert und sich über den Zaun beugt und

kotzt. Ein paar Mädchen lachen. Der Chinese lallt irgendwas wie »Futter für die Sandflöhe, geil!«.
Und Hendrik richtet sich auf, wischt sich mit dem Handrücken über den Mund und grinst: »Und wer hat jetzt gewonnen, Leute?«
Wenn Hendrik gegrinst hat, konnte man ihm nicht mehr böse sein. Keiner. Egal, was für Scheiß Hendrik vorher gebaut hatte . . .
»Sebastian!«
Schon wieder seine Mutter.
»Was ist?«, fragt Marx durch die geschlossene Tür. »Lass mich in Ruhe! Ich hab zu tun.«
Seine Mutter drückt die Klinke. Mist, er hat vergessen, die Tür abzuschließen.
»Papa kommt gleich«, sagt seine Mutter. »Ich mach uns was zu essen. Ich habe noch Hähnchensteaks in der Truhe, die magst du doch, oder?«
»Keine Chance«, sagt Marx. Er nimmt die Lederjacke von der Stuhllehne und schiebt die Schreibkladde in die Innentasche. »Muss noch mal los . . .«
Er will sich an seiner Mutter vorbei durch die Tür schieben.
»Sebastian, so geht das nicht . . .« Seine Mutter versucht, ihn am Arm festzuhalten. »Wir müssen miteinander reden!«
»Klar doch«, sagt Marx. Mit zwei Sprüngen ist er die Treppe runter und zur Tür raus.

WUT 6

Ich möchte schreien vor Wut,
denn schreien tut gut.
Und ich habe Angst vor dem Tag,
an dem die Wut nicht mehr hilft.
Oder einfach nicht mehr da ist.

Ich bin froh über meine Wut.
Wer das vergisst,
was schlimm war oder schlimm ist,
wird dumm.
Solange du deine Wut behältst,
vergisst du nichts.
Gar nichts.
Ich habe Angst,
dass ich irgendwann zugeben muss,
nicht wütend genug gewesen zu sein.
Nicht genug gewütet zu haben.

6.

Fast zwei Stunden später. Marx ist mit der Bahn bis zur Endstation gefahren. Und wieder zurück . . .
Er hört die Musik schon, als er noch unten an der Haustür nach dem richtigen Klingelschild sucht. Und als Marie ihn reinlässt, schlägt ihm dichter Zigarettenrauch entgegen.
»Du kommst spät«, sagt Marie. Sie schwankt ein bisschen. Und ihre Wimperntusche ist verschmiert. Sie verschwindet gleich wieder im Wohnzimmer. Marx lehnt sich in den Türrahmen. Sandra tanzt mit irgendeinem Typen aus der Parallelklasse, der seine Hände unter ihrem T-Shirt hat.
Auch auf dem Sofa liegt ein Pärchen. Aber Marx kann nicht erkennen, wer es ist. Für eine Weile guckt Marx Marie zu, die alleine tanzt. Die Augen geschlossen und den Kopf nach vorne, wie in Trance.
Irgendwo hinter ihr flimmert ein Fernseher.
In der Küche ist es nicht ganz so laut. Und auch nicht so verqualmt.
Alex hockt am Tisch und isst eingelegte Peperoni aus irgendeinem Glas. Dass er breit ist, erkennt Marx spätestens, als er Alex' Blick begegnet. Als der ihn nur anstiert, als hätten sie sich noch nie gesehen.
Krawinski ist auch da. Er streckt Marx unaufgefordert eine Flasche Bier entgegen.
»Was läuft, Alter?«

»Vergiss es«, sagt Marx, »bin erwischt worden.«
»Fuck«, stellt Krawinski fest und rülpst.
»Sah aus wie ein ganz normaler Typ, der Kontrolleur«, erzählt Marx, während er die Flasche in langen Zügen leert. »Kann nicht viel älter als wir gewesen sein, und Jeans und alles, keine Chance.«
»Das wär vielleicht was«, sagt Krawinski. Er lallt ganz deutlich. Und als er nach der nächsten Flasche greift, hält er sich sicherheitshalber an der Spüle fest.
»Was?«, fragt Marx. »Was wäre was?«
»Als Kontrolleur«, sagt Krawinski. »Kommt keiner drauf. Du und ich als Kontrolleur. Ist doch geil. Ist auch nicht anstrengend oder so. Brauchst du nur so Typen wie uns hochzunehmen und fertig. Wär doch was!«
»Klasse Idee«, sagt Marx und greift sich eine neue Flasche. Schnell rein mit dem Zeug, sonst hält er das Gelaber nicht aus. Das hältst du nur aus, wenn du zu bist. Marx trinkt.
»Aber ist doch so«, beharrt Krawinski, »wär doch was, oder?«
»Klar«. Marx nickt.
»Ich muss pissen«, erklärt Alex vom Tisch her.
»Mach doch«, meint Krawinski.
Alex schiebt sich schwankend zwischen ihnen durch.
»Du musst kotzen«, sagt Krawinski. »So wie du aussiehst, musst du kotzen.«
»Muss ich nicht . . .« Alex verschwindet auf dem Flur.
»Aber ich muss gleich kotzen«, sagt Krawinski. »Aber egal, was soll's. Hau weg, das Zeug!«
Er macht die nächste Flasche auf. Und gleich noch eine für Marx.

Marx merkt, wie der Alkohol zu wirken anfängt. Ein Glück, wurde auch langsam Zeit.

Alex kommt zurück. Drängt sich zwischen ihnen zur Spüle und will sich die Hose aufknöpfen.

»He!«, macht Marx, »bist du blöd? Was soll das?«

»Klo ist besetzt«, lallt Alex, »soll ich mir in die Hose machen, oder was?«

»He, geil, Alter, der pisst aufs Geschirr!« Krawinski schlägt Marx begeistert auf die Schulter. »Das ist cool, Mann!«

Marx dreht sich um, um ins Wohnzimmer rüberzugehen. Aber dann überlegt er es sich anders. Er greift sich Alex und schiebt ihn durch den Flur zur Wohnungstür.

»He, was soll das? Lass mich . . .« Alex wehrt sich, gleichzeitig versucht er, seine Hose festzuhalten.

»Geh draußen pissen«, sagt Marx, »hau bloß ab!«

Alex stolpert ins Treppenhaus. Marx schlägt die Tür zu. Er weiß selber nicht, warum er so sauer ist.

Krawinski krümmt sich vor Lachen.

»Ist nicht witzig«, sagt Marx.

Marie kommt vom Klo. Ihr Gesicht ist kreidebleich. Sie hat deutlich Mühe, Marx zu fixieren.

»Ich geh dann mal«, sagt Marx.

»Tust du nicht«, sagt Marie und zieht ihn ins Wohnzimmer. Presst sich an ihn und will mit ihm tanzen. Ihr Atem riecht nach dem Zeug, das sie schon den ganzen Abend in sich hineinschüttet. Bacardi-Breezer. Kommt rüber wie Brause. Aber wenn man nicht aufpasst, zieht es einem glatt die Schuhe aus.

Marie streicht Marx mit der Hand über die Brust.

»Ich will nicht«, sagt Marx und schiebt sie ein Stück zurück. »Wo ist überhaupt der Chinese?«
»Nicht da«, sagt Marie, »siehst du doch.« Sie will noch irgendwas sagen, aber sie hat einen Schluckauf.
»Scheiße«, nuschelt sie. Und rülpst.
»Ich hol dir ein Glas Wasser«, bietet Marx an, »musst du falsch rum trinken, das hilft.«
Marie guckt ihn an, als hätte sie gar nicht verstanden, was er gesagt hat. Er geht zurück in die Küche. Krawinski hockt auf dem Fußboden und starrt vor sich hin.
Marx nimmt ein Glas aus dem Küchenschrank. Dann stellt er das Glas zurück, steigt über Krawinskis Beine hinweg und geht.
Als er auf der Straße steht, holt er tief Luft. Fummelt eine zerdrückte Kippe aus der Jackentasche und nimmt ein paar Züge. Obwohl er überhaupt keine Lust hat, zu rauchen. Er hat zu gar nichts Lust. Er schnippt die Kippe in den Rinnstein und guckt sich um. Ein Stück weiter ist ein Mann mit seinem Hund. Marx geht in die andere Richtung.
Als er an Marie denkt, wird sein Schwanz steif. Jetzt! Vorhin, als sie sich an ihn gedrückt hat, war gar nichts. Da fand er einfach alles nur widerlich. Und Marie noch mehr als alles andere. Er fragt sich bloß, warum.
Weil sie betrunken war. Weil sie wahrscheinlich gerade erst auf dem Klo gekotzt hatte. Weil sie es nicht mehr geblickt hat. Gar nichts. Aber wieso eigentlich? Was hat ihn so abgeturnt dabei? Nur weil sie eine Frau ist? Sie hat nichts anderes gemacht als das, was sie alle machen. Krawinski. Alex. Der Chinese. Er selber. Er und seine Kumpels. Kann es ei-

gentlich sein, dass die Frauen sie vielleicht genauso widerlich finden, wenn sie besoffen sind? Nein, das ist was anderes . . . Ist es nicht. Es ist genau dasselbe.
»Scheiße«, sagt Marx und kickt eine leere Bierdose über die Straße.
Irgendwas muss passieren. Nur was?
Er schlägt den Jackenkragen hoch. Es nieselt wieder.
Nein, das ist Schnee!
Marx bleibt stehen und guckt zur nächsten Straßenlampe hoch. Tatsächlich, es schneit. Noch ist es mehr Regen als Schnee, aber trotzdem, Marx kann ganz deutlich ein paar Flocken ausmachen. Und immer mehr.
»Scheiße«, sagt Marx noch mal. Aber diesmal grinst er dabei. Als er noch ein Kind war, ist er jedes Mal fast ausgeflippt vor Freude, wenn es geschneit hatte. Hat seinen Schlitten schon über den Fußweg gezerrt, wenn gerade mal ein paar weiße Flecken im Vorgarten zu sehen waren. Und einmal hat er die halbe Nacht am Fenster verbracht, als könnte er den Schnee herbeibeschwören, wenn er nur lange genug aushalten würde.
Hendrik war genauso. Hat stundenlang mit ihm an dem Iglu in ihrem Vorgarten gebaut. Und die ganze Zeit gegrinst dabei, als gäbe es nichts Besseres auf der Welt als blau gefrorene Hände und Füße wie aus Eis. Aber der Iglu war klasse. Hendrik hatte irgendwie jede Menge Ahnung von solchen Sachen. Dass der Eingang tiefer liegen muss als der Rest zum Beispiel. Weil Wärme immer nach oben steigt. Fast zehn Grad haben sie dann innen drin gemessen. Mit dem Thermometer, das sie dazu extra von der Terrasse abge-

schraubt hatten. Und draußen waren mindestens fünf Grad minus oder so!
Marx merkt, dass er schon wieder kurz davor ist zu heulen. Ohne dass er was dagegen machen kann.
An der nächsten Straßenlampe bleibt er stehen. Nimmt kurz Maß und tritt zu. Genau oberhalb der Klappe, hinter der die Kabel sind. Er hat es nicht verlernt. Die Lampe flackert und geht aus. Mit Hendrik hat er mal eine ganze Straße in absolute Dunkelheit getaucht. Genau diese Straße sogar! Verrückt, denkt Marx, aber es stimmt. Da vorne rechts, da hat Hendrik gewohnt ...
Ein Tritt und Lampe Nummer zwei geht aus. Marx wechselt auf die andere Straßenseite. Es schneit immer stärker. Marx bewegt die Schultern unter der Jacke. Und versucht, sich eine Schneeflocke von der Nase zu lecken.
Zack! Lampe Nummer drei. Und gleich darauf Nummer vier. Mist, das hat wehgetan. Er hat sich ein bisschen verschätzt. Der Tritt war zu stark. Marx bückt sich und presst seine Hand gegen den Knöchel. Plötzlich ist ein Hund neben ihm. Ein Terrier oder so was. Nicht besonders groß jedenfalls. Pinkelt an den Laternenpfahl und wedelt mit dem Stummelschwänzchen. Aber als Marx die Hand ausstreckt, fängt er an zu knurren.
»Reg dich ab«, sagt Marx. Aber das Knurren klingt gar nicht gut. Kommt ganz unten aus der Kehle.
Marx versucht, sich aufzurichten. Der Köter kläfft. Und knurrt wieder.
Fast ist Marx froh, als er hinter sich eine Stimme hört: »Ruhig, Felix, sitz.«

Der Köter setzt sich. Knurrt aber weiter.
Marx steht endlich auf. Als er sich umdreht, ahnt er schon, was als Nächstes kommt. Das ist unter Garantie der Typ, den er gesehen hat, als er bei Marie aus dem Haus kam. Und der ihn natürlich auch gesehen hat. Wie er eine Lampe nach der anderen gekillt hat. Marx in voller Aktion. Marx, der Vollidiot.
Marx überlegt, ob er dem Typ einfach einen Stoß verpassen soll. Und sich dann vom Acker machen. Besonders kräftig sieht er nicht aus. Ganz normal eher. Und auch schon älter. Fünfzig vielleicht. Mit Brille! Wie einer aus der Versicherung oder so. Aber man weiß ja nie. Marx hat mal was im Fernsehen gesehen, da ist so ein Biedermann völlig abgedreht. Konnte Karate und alles und ist richtig Amok gelaufen.
Und dann ist da auch immer noch der knurrende Köter. Und Marx hat keine Lust, den knurrenden Köter am Hintern hängen zu haben.
»Ist was?«, fragt er den Typen, der ihn bisher nur von Kopf bis Fuß angestarrt hat, als wollte er sich jede Einzelheit einprägen. Für seine Zeugenaussage. »Haben Sie irgendein Problem oder was?«
»Du hast das Problem«, sagt der Typ. »Ich hab dich beobachtet. Macht dir wohl Spaß, fremdes Eigentum zu zerstören, was? Hältst dich wohl für einen ganz tollen Hecht, ja?«
»Gehen doch auch wieder an, die Lampen«, sagt Marx. »Was wollen Sie denn, dauert nur ein paar Minuten.«
»Sieh an, ein ganz Schlauer. Aber das kannst du gleich der Polizei erzählen . . .«

Der Typ holt ein Handy aus seinem Mantel.
Wieso hat einer wie der überhaupt ein Handy, denkt Marx.
Wieso dürfen Typen wie der überhaupt frei rumlaufen?
»Hast du was gesagt?«, fragt der Typ.
»Nein«, sagt Marx, »nichts. Es ist nur, also ich meine, was soll das denn?«
»Das wirst du gleich sehen.« Der Typ rückt seine Brille zurecht, um die Tasten auf seinem Handy erkennen zu können.
Und dann geht plötzlich alles ganz schnell. Eben noch hat Marx zur Seite geguckt, zu den Schneeflocken, die inzwischen dicht wie ein Vorhang fallen. Und hatte schon aufgegeben. Hatte sich schon bei den Bullen sitzen sehen und darauf warten, dass seine Alten ihn abholen. Da geht die Haustür neben ihnen auf. Irgendjemand mit seinem Hund. Woraufhin der Terrier wütend kläfft und sich im nächsten Moment auf den anderen stürzt. Und der Typ mit der Brille natürlich hinterher.
Marx zögert nicht lange. Er rennt ein paar Meter, flankt über den Vorgartenzaun und drückt sich durchs Gebüsch. Er kennt die Stelle von früher. Zwischen den Mietshäusern ist eine Tiefgarage. Mit einem schmalen Gang an der Seite, der durchgeht bis zur nächsten Straße.
Ein Scheißtag, denkt Marx, während er keuchend die Stufen hochjagt. Ein richtiger Scheißtag. Einer von vielen.

WUT 7

Ihr sagt, wir beschmieren Tisch und Wände?
Wir können uns nicht benehmen?
Wir sind frech,
unverschämt,
anmaßend,
wir sind zu laut?
Wir melden uns nicht oft genug im Unterricht?
Wir stören nur?
Wir randalieren?
Wir halten uns nicht an die Regeln?
Ihr haltet euch doch selbst nicht dran!
Wir lesen nicht mehr?
Was habt ihr denn zuletzt gelesen?
Wir trinken zu viel?
Nicht so viel wie ihr!
Wir haben nichts gelernt?
Wer hat uns denn nichts beigebracht?
Wir rauchen Haschisch?
Ihr schluckt Tabletten!
Wir rasten immer gleich aus?
Von wem haben wir das denn?
Wir wollen nichts wissen?
Ihr wollt doch selber nichts wissen!
Wir lernen nichts fürs Leben?
Für wessen Leben?

Wovon redet ihr überhaupt?
Wer seid ihr eigentlich,
dass ihr glaubt,
uns irgendwelche Vorschriften
machen zu können?
Was macht euch so sicher,
dass sich die Welt nur euretwegen dreht?
Was habt ihr selber schon geschafft?
Und wie kommt ihr überhaupt dazu,
uns zu stören,
anzumachen,
belehren zu wollen,
bekehren zu wollen,
zu LANGWEILEN?

7.

Wieder in der Schule. Deutschunterricht. Pro und kontra zum Thema »Gewalt«. Sie haben zwei Texte bekommen ... In dem einen geht es um eine Schule in Schweden. Da müssen die Schüler sich jeden Morgen mit Handschlag begrüßen und sich immer mit Vornamen anreden und fragen, wie es dem anderen so geht und so was. Total freundlich zueinander sein. In dem anderen Text ist es eine Schule, da hängt alles voll mit Kameras, und die Schüler werden die ganze Zeit beobachtet. Wer bei irgendwas erwischt wird, fliegt.

»Wie bei uns«, sagt Krawinski, »nur dass sie hier noch keine Kameras haben.«

»Kommt noch«, meint Alex. »Aber finde ich besser als das Rumgesülze wie da in Schweden, bringt doch nichts, ist doch nur albern.«

Sie hocken an einem Tisch in der Pausenhalle. Gruppenarbeit. Krawinski, Alex, Marx und Marie. Der Chinese ist bei einer anderen Gruppe.

Marx guckt zu Marie. Sie zeichnet irgendwas. Sieht aus wie eine Skizze für ein Graffiti. Aber gut. Mit Schatten unter den Buchstaben und so. Und die Buchstaben so ineinander verschachtelt, dass man kaum rauskriegt, was es überhaupt heißen soll. Jedenfalls nicht, wenn man falsch rum draufguckt, so wie Marx gerade.

»Dreh mal um«, sagt Marx, »sieht gut aus.«
Marie guckt hoch und streckt ihm die Zunge raus. Und zeichnet schon wieder weiter.
Marx weiß nicht, was sie hat. Wahrscheinlich ist es wegen neulich. Ist ihr peinlich oder so. Marx ist es auch peinlich irgendwie. Aber er traut sich nicht, Marie darauf anzusprechen. Wüsste auch gar nicht, wie er anfangen sollte. He, Marie, wegen neulich noch mal, also ich wollte nur sagen . . .
Geht nicht. Und was anderes fällt ihm nicht ein. Aber zumindest ist sie nicht mehr mit dem Chinesen zusammen, das ist sicher.
Überhaupt ist der Chinese nicht gut drauf. Macht sich irgendwie dünn. Kommt auch nicht mehr zur Brücke und nichts. Aber sie sind alle nicht besonders gut drauf in letzter Zeit. Krawinski hat einen Verweis kassiert, wegen dem Filzstiftgekritzel auf dem Klo. Beim nächsten Mal muss er von der Schule. Alex haben sie zu Hause erwischt, wie er voll zugedröhnt bei seiner Mutter ein paar Scheine aus dem Portemonnaie abgreifen wollte. Und haben ihn gleich zur Drogenberatung geschleppt. Bescheuert. Als wäre das das Problem.
Er selber ist auch am Arsch. Wegen wiederholtem Schwarzfahren. Seine Alten haben zwar die Strafe bezahlt, aber ihm auch gleich das Taschengeld gestrichen. Sehr schlau. Und alle zusammen haben sie eine Anzeige am Hacken. Wegen der Schlägerei neulich nachts . . .
Marx fragt sich, ob Marie eigentlich irgendwelche Probleme hat. Bestimmt. Jeder hat Probleme. Vielleicht ist das da in Schweden gar nicht so schlecht. Wenn sie wirklich über al-

les reden. Aber er glaubt eigentlich nicht, dass es funktioniert. Kann gar nicht sein.

»Was ist jetzt?«, fragt Alex, »was soll ich hinschreiben?«

»Das Thema ist fuck«, sagt Krawinski. »Interessiert doch überhaupt keinen.«

»Mich schon«, sagt Marie. Aber sie blickt nicht hoch dabei, zeichnet einfach weiter.

»Ach ja?«, fragt Krawinski, »und warum sagst du dann nichts dazu?«

Marie zuckt nur mit der Schulter.

»Irgendwie freundlich sein und zusammen reden und so klingt ganz gut«, sagt Marx. »Wird aber nicht funktionieren. Und Kameras funktionieren auch nicht.«

»Soll ich das schreiben?«, fragt Alex.

»Klar«, sagt Krawinski, »schreib auf. Ist doch gut.«

Alex tippt sich an die Stirn und fängt an zu schreiben. Marx spürt, dass Marie ihn ansieht. Er grinst zu ihr rüber. Sie guckt schnell wieder auf ihr Blatt. Aber sie lächelt dabei.

Es gongt. Die Stunde ist zu Ende.

»Und wer trägt das jetzt morgen vor?«, fragt Alex.

»Immer der, der fragt«, erklärt Krawinski.

Marie lacht. »Du kannst es ja ablesen, wenn du meinst, dass es sonst zu viel für dich ist . . .«

»Haha«, macht Alex.

Sie packen ihre Sachen zusammen. Alex guckt hinter Marie her, wie sie mit ihren hochhackigen Stiefeln durch die Pausenhalle stakst. Die Stiefel sehen bescheuert aus, denkt Marx. Würde ich nie tragen, so was. Dann merkt er, was er da gerade gedacht hat. Marx muss lachen.

»Was ist los mit dir? Tickst du nicht mehr richtig oder was?« Alex guckt ihn irritiert an.
»Vergiss es«, sagt Marx und will gehen.
Krawinski hält ihn am Arm fest. »He, was ist jetzt überhaupt? Gehen wir da nachher alle zusammen hin? Zu den Bullen, meine ich. Ist doch heute, dass wir da hinmüssen!«
»Ich geh jetzt gleich«, sagt Marx, »ich muss schon um drei da sein.«
»Fuck!« Krawinski verpasst dem Krökelautomaten einen Tritt, dass es nur so scheppert. »Die packen sich uns einzeln, was?«
»War doch klar«, sagt Marx und zuckt mit der Schulter.
»He!«, ruft Alex, »denk da dran, sag denen bloß nicht, dass ich angefangen habe, dass ich gerufen habe, Scheißskin, meine ich!«
»Wie wir es abgesprochen haben«, sagt Marx. »Keine Panik.«
»Man sieht sich«, sagt Krawinski, »hau rein, Alter. Mach sie platt.«
Bescheuert, denkt Marx, irgendwie machen sie nur noch bescheuerte Sprüche. Ohne jede Bedeutung. Keine Panik. Man sieht sich. Hau rein, Alter. Wenn irgendjemand anders sie zufällig hört, muss er doch denken, sie wären nicht in der Lage, auch nur einen halbwegs vernünftigen Satz von sich zu geben. Sind sie vielleicht auch wirklich nicht. Wozu auch? Ist doch egal. Es würde ihnen ja doch keiner zuhören.
Mist, Marx hat Panik. Von wegen »mach sie platt«. Wenn sie ihn mal nicht plattmachen! Er traut den Bullen irgendwie nicht, was sie eigentlich von ihnen wollen. Sie haben nichts

gemacht. Und wieso sie jeder eine Anzeige haben, kapiert keiner. Schließlich haben sie ja eins auf die Fresse gekriegt und nicht die anderen. Muss er die Bullen überhaupt mal fragen, wie das sein kann. Wenn er sich traut. Wenn er es nicht vergisst.

Er wischt sich die Handflächen an der Jeans ab. Und drückt die Klinke. Aber die Tür ist verschlossen. Sehen kann er nichts. Die Scheibe ist getönt.

Eine Stimme aus einem Lautsprecher: »Betätigen Sie den Klingelknopf.«

Betätigen Sie den Klingelknopf, denkt Marx. Albern. Drücken Sie auf die Klingel vielleicht. Und wieso überhaupt? Sie wissen doch, dass er da ist. Können sie ihn doch auch gleich reinlassen!

Er drückt die Klingel. Der Türsummer ertönt. Zwei Polizisten beobachten ihn, ohne eine Miene zu verziehen. Er nickt und geht auf den Tresen zu.

»Guten Tag«, versucht er es noch einmal.

Keine Reaktion.

»Machens, Sebastian. Habe einen Termin hier, 15 Uhr.« Er findet selber, dass es idiotisch klingt. Wie bei der Bundeswehr. Fehlt nur noch, dass er die Hacken zusammenknallt. Aber immerhin greift der ältere der beiden großen Schweiger sich jetzt wenigstens ein Heft. Terminliste oder so was wahrscheinlich.

»Machens, Sebastian?«

»Genau!« Zu Befehl, wäre ihm fast noch rausgerutscht. Aber der Polizist merkt sowieso nichts.

»Der Kollege bringt sie.«

Mit einem Kopfnicken bedeutet der Jüngere Marx, ihm zu folgen. Marx folgt ihm.
Im Fahrstuhl wippt der Polizist auf den Fußspitzen hin und her. Marx starrt auf seine Turnschuhe. Er spürt, wie er unter den Armen anfängt zu schwitzen. Er beugt den Kopf, weil er wissen will, ob man den Schweiß schon riecht.
Sofort beobachtet ihn der Polizist argwöhnisch.
Mit einem Ruck kommt der Fahrstuhl zum Stehen. Marx folgt dem Polizist durch einen endlos langen Gang. Vor irgendeiner Tür bleibt der Polizist stehen und klopft. Schiebt Marx ohne ein Wort ins Zimmer und verdrückt sich.
Verdammt klein, der Raum, denkt Marx. Und alles irgendwie schäbig. Aber der Typ hinter dem Schreibtisch sieht eigentlich gar nicht so aus wie ein Bulle. Hat noch nicht mal eine Uniform an. Benimmt sich auch nicht wie ein Bulle. Streckt Marx die Hand hin und stellt sich vor. Besorgt sogar noch einen Becher für Marx und entschuldigt sich dann für den miesen Kaffee. Marx überlegt, ob das vielleicht alles nur Taktik ist. Ob der Typ ihn nur einwickeln will. Kennt man ja. Ist ja in jedem zweiten Krimi so.
Aber der Typ ist entweder richtig gut oder er meint es wirklich ernst. Lässt Marx erst mal erzählen und stellt nur hin und wieder eine Frage.
»Sie waren also auf dem Weg zur U-Bahn, als Ihnen die Gruppe der anderen Jugendlichen entgegenkam. Hatten Sie was getrunken?«
»Ein bisschen«, sagt Marx. »Nicht viel.«
Der Polizist guckt ihn an.
»Na ja«, sagt Marx, »schon ein bisschen mehr.«

Der Polizist nickt, als hätte er das sowieso gewusst. Sagt aber nichts weiter dazu.
»Und die anderen haben dann völlig grundlos auf . . .« Er nimmt sein Notizblatt zu Hilfe: ». . . auf den Alexander Bartels eingeschlagen? Ohne dass er sie provoziert hätte? Irgendwas gesagt oder gerufen vielleicht?«
»Nein. Nichts.«
»Und wennschon«, meint der Polizist, »wäre ja auch noch lange kein Grund, jemand zusammenzuschlagen. Und dann haben Sie sich eingemischt?«
»Erst Krawinski und dann ich, aber ich hab gleich einen Schlag in den Magen gekriegt und bin zu Boden gegangen.«
»Können Sie sich ein bisschen genauer an den Ablauf der Schlägerei erinnern?«, fragt der Polizist.
»Nein«, Marx schüttelt den Kopf. »Irgendwie hat jeder rumgeschrien, und es war das totale Chaos, und dann kamen ja auch schon die Bullen, also Ihre Kollegen, meine ich . . .«
Der Polizist macht sich noch ein paar Notizen. Und stellt noch ein paar Fragen. Dann steht er auf und streckt Marx wieder die Hand hin.
»Danke, dass Sie gekommen sind. Sie hören dann von uns.«
»Jetzt habe ich aber noch eine Frage . . .«
»Ja?«
»Ich meine, es war doch da in der Nacht schon klar, dass wir nicht angefangen haben, und das haben wir Ihren Kollegen auch gesagt. Außerdem hat Krawinski sogar geblutet und alles, und die anderen waren auch viel mehr als wir . . .«
»Und?«

»Und wieso haben wir dann alle eine Anzeige gekriegt?«, will Marx wissen. »Wieso nicht nur die anderen?«
»Das ist der Weg«, sagt der Polizist und hebt die Hände, als wollte er zeigen, dass er es selber eher lächerlich findet, »wir versuchen, den Vorgang jetzt erst mal zu klären, und dann muss ohnehin die Staatsanwaltschaft entscheiden, ob die Anzeigen niedergeschlagen werden oder nicht. So ist das.«
»Aber das ist doch ...«
Hirnrissig, will Marx sagen. Völlig bescheuert. Und wenn sie Pech haben, würgt ihnen irgendein Richter dann auch noch einen rein. Oder es passiert gar nichts. Ihnen nicht und den anderen auch nicht. So viel zum Rechtssystem, denkt Marx.
Der Polizist blickt ihm einen Moment direkt in die Augen. Dann zuckt er mit der Schulter.
»Das ist so«, sagt er. »Passen Sie ein bisschen auf sich auf, ja? Und ruhig mal einen Schluck weniger! Glauben Sie mir, ich weiß, wovon ich rede ...«
Na klasse, denkt Marx. Bringt doch alles nichts. Er hätte es gleich wissen müssen. Ist alles nur dummes Gelaber und bringt gar nichts. Obwohl der Bulle ganz in Ordnung zu sein scheint. Als wüsste er tatsächlich, was so läuft. Aber ändern kann er auch nichts, selbst wenn er wollte. Es geht auch gar nicht um das, was passiert ist. Und ganz bestimmt nicht um ihn oder um Krawinski. Oder um Alex oder den Chinesen. Um keinen von ihnen. Aber worum, verdammt noch mal, geht es hier überhaupt?

WUT 8

Ihr sagt,
wir sollen uns nicht langweilen.
Aber ihr langweilt uns zu Tode.
Ihr sagt,
wir sollen uns für andere einsetzen.
Aber für uns setzt sich keiner ein.
Ihr sagt,
wir sollen uns nicht hängen lassen.
Aber ihr lasst uns jeden Tag aufs Neue hängen.
Ihr sagt,
wir sollen gefälligst aufrecht gehen.
Aber ihr zwingt uns, einen Buckel zu machen.
Ihr sagt,
wir sollen eine eigene Meinung haben.
Aber in Wirklichkeit
sollen wir nur eurer Meinung sein.
Ihr sagt,
wir sollen fürs Leben lernen.
Aber das Leben weiß nichts davon.

8.

Marx sitzt am Tisch. Vor ihm liegt das Schreibheft. Er kaut auf dem Bleistiftstummel . . .
Dann hockt er eine Weile nur einfach da und starrt auf die Abdrücke seiner Zähne im Holz. Die Farbe ist abgesplittert. Marx zupft sich ein paar Farbreste von der Lippe.
Hendrik hat mal eine Collage gemacht. Nur mit Bleistiften. Alle verschieden lang und in allen möglichen Farben, auch welche mit irgendwelchen albernen Werbesprüchen drauf, und alle ganz dicht zusammengeklebt. Mindestens hundert Stifte müssen das gewesen sein, sah auch echt cool aus, das Bild, aber Hendrik hat trotzdem nur eine Vier dafür gekriegt.
»Weil die künstlerische Brechung fehlt«, hat der Kunstlehrer gesagt. »Du hättest zum Beispiel einen Kugelschreiber mit dazunehmen müssen, irgendetwas, was nicht ins Bild passt, klar?«
»Nee«, hat Hendrik gesagt. »Und außerdem würde das total bescheuert aussehen mit so einem Scheißplastikteil mittendrin, das passt doch überhaupt nicht.«
»Eben«, hat der Kunstlehrer erklärt. »Genau darum geht es . . .«
Und Hendrik hat sein Bild mit den Bleistiftstummeln genommen und ist einfach aufgestanden und rausgegangen.
»Was soll ich hier?«, hat er in der Tür gefragt und ist weg.

Das Bild hat er dann seiner Mutter zum Geburtstag geschenkt. Und die hat sich auch echt darüber gefreut. Hat es sogar aufgehängt. Im Wohnzimmer!
Wenn er seiner Mutter ein Bild aus Bleistiftstummeln schenken würde, denkt Marx, würde sie es unter Garantie nicht aufhängen. Und sein Vater würde höchstens sagen: »Bleistifte gehören in die Hand und nicht an die Wand.«
Marx muss grinsen. Immer noch grinsend, liest er die letzten Sätze, die er geschrieben hat. Wie sie nachts in Le Gurp fast jedes Spiel gewonnen haben. Weil Hendrik beim Exen absolut einsame Spitze war.
Marx beugt sich vor und schreibt weiter . . .

Aber plötzlich ist er nach vorne gestolpert und hat sich über den Zaun gebeugt und gekotzt, und ein paar Frauen haben gelacht.
»Futter für die Sandflöhe!«, hat der Chinese gelallt, aber eine von den Frauen ist hin zu Hendrik und wollte ihm den Kopf halten oder so was, aber da hat er sich schon wieder umgedreht und gesagt: »Und, Leute, wer hat jetzt gewonnen?«
Und dabei hat er gegrinst, und alle haben wieder Beifall geklatscht, und er hat dann echt noch zwei oder drei Runden mitgespielt, war aber nicht mehr so gut wie vorher, und irgendwie waren auch alle breit inzwischen, und es haben auch noch mehr gekotzt dann, und wir sind dann auch zurück zum Zelt.
Die Frau, die ihm den Kopf halten wollte, war auch noch mit dabei. Ich glaube, die stand irgendwie auf Hendrik. Obwohl

er nicht mehr viel gesagt hat dann, sondern gleich eingepennt ist, aber wir waren alle ziemlich fertig, von der Fahrt auch noch und weil wir ja auch kaum was gegessen hatten.
Am nächsten Tag haben wir auch total lange gepennt, obwohl das Zelt mitten in der Sonne stand und spätestens ab neun wie eine Sauna war. Wir haben trotzdem bis elf durchgehalten, und dann bin ich mit Alex zum Bäcker, und wir haben Croissants gekauft und normales Weißbrot und Eier und Käse.
War auch sauteuer alles, aber wahrscheinlich das beste Frühstück, das wir jemals hatten. Danach sind wir mit dem Auto zum Markt nach Montalivet, und die Frau vom Abend vorher war auch dabei. Als die Straße ein Stück am Meer langging, mussten wir anhalten, weil Hendrik unbedingt erst noch baden wollte. Aber wir haben dann sowieso alle erst noch gebadet, und die Wellen waren ziemlich hoch, weil gerade Flut war, und wenn man nicht aufgepasst hat, ist man von einer Welle bis auf den Strand geworfen worden. Am einfachsten war es, einfach durch die Wellen durchzuspringen oder sich unter Wasser sinken zu lassen und zu warten, bis die Welle über einen weg war. Und Hendrik wollte echt überhaupt nicht mehr raus, auch als wir anderen schon gefroren haben wie blöd, Hendrik hat immer weiter gemacht, und die Frau ist auch dringeblieben, aber Frauen frieren sowieso nicht so schnell, glaube ich.
Als wir dann zum Markt kamen, war schon alles dicht, alle Buden und so, und die meisten Stände schon wieder abgebaut, weil der Markt eigentlich nur bis zwölf geht. Nur ein paar Schwarze waren noch da, die Ledergürtel verkauft ha-

ben und Uhren und allen möglichen Kram, der wahrscheinlich irgendwo geklaut war, und dann hatten sie auch noch afrikanische Trommeln, und der Chinese war echt gut im Trommeln, als wäre er selber aus Afrika und hätte nie was anderes gemacht.
Hendrik und ich haben es auch versucht, war aber nichts, klang eben irgendwie nur, wie wenn einer versucht zu trommeln, der es nicht kann. Und Hendrik war, glaube ich, auch ein bisschen enttäuscht, wahrscheinlich weil er gedacht hatte, was der Chinese kann, kann er schon lange, und weil es bei dem Chinesen so einfach ausgesehen hatte.
Wir haben dann noch eine Weile rumgestanden und mit den Schwarzen gequatscht, in irgendeinem Gemisch aus Französisch und Englisch, und einer von den Schwarzen konnte sogar ganz gut Deutsch, »Deutschland sehr gut«, hat er immer gesagt, »schöne Frauen und viele Kiffer.«
Erst haben wir es gar nicht kapiert, aber dann war es irgendwie klar: Der Typ hat natürlich auch gedealt, und wir haben dann auch ein bisschen was gekauft bei ihm, was wir uns dann auch nachmittags in den Dünen reingezogen haben. Kam auch erst verdammt gut, das Zeug, nur dann ist mir echt komisch geworden, was aber wahrscheinlich auch mit der Hitze zu tun hatte. Die anderen haben noch blöde Sprüche gemacht, aber mir ging es irgendwie echt nicht gut, und Hendrik ist dann mit mir in den Schatten zum Wald rüber und hat gesagt: »Du musst laufen, kapierst du? Du musst dich bewegen, weil sonst dein Kreislauf wegbricht.«
Keine Ahnung, woher er das wusste, aber wir sind fast eine Stunde oder so durch den Wald gelatscht, bis es mir wieder

besser ging. Und wir haben über allen möglichen Scheiß gequatscht, über die Schule und unsere Alten und alles …

Marx' Handy klingelt.
»Ja? – Hallo, wer ist da?«
»Ja, Guten Tag, wer ist denn da?«
Eine Frauenstimme. Eine alte Frauenstimme. Ein bisschen zittrig und … die Königin!
»Marx, äh, Sebastian ist hier, bist du das, Oma?«
»Ja … Sebastian?«
»Ja, klar. Was ist los, Oma? Wie geht es dir?«
»Ich … ich hatte dich gar nicht anrufen wollen, ich muss die falsche Nummer gewählt haben …«
»Macht doch nichts, Oma, wie geht es dir denn?«
»Mir? Ach, ganz gut, eigentlich … Aber dann mache ich jetzt mal Schluss. Ich wollte dich ja eigentlich auch gar nicht anrufen.«
»He, warte doch mal! Geht es dir gut?«
»Ja, ja, ich melde mich wieder. Grüß mal Dorothea und Jörg, ja?«
»Ja, klar, mache ich, aber …«
Aufgelegt. Was sollte das denn? Marx kapiert überhaupt nichts mehr. Eigentlich ist seine Oma ganz fit, für ihr Alter jedenfalls. Einundachtzig schon oder so was. Wohnt auch noch alleine und scheint ganz gut klarzukommen. Aber das eben?
Marx lässt die Schreibkladde in der Schublade verschwinden und geht zur Tür. Unten läuft der Fernseher.
Marx zögert. Er ist sich nicht ganz sicher, ob er seiner Mutter

von dem Anruf erzählen soll. Aber schließlich ist es ihre Mutter! Soll sie sich gefälligst drum kümmern ...
Marx geht die Treppe runter. Seine Mutter blättert in irgendeiner Zeitschrift. Als Marx reinkommt, blickt sie hoch.
»Oma hat angerufen«, sagt Marx. »Auf meinem Handy. Aber sie wollte gar nicht mich. Hat sich verwählt oder so.«
»Oma wird langsam senil«, sagt seine Mutter. »Ich fürchte, das wird auch nicht mehr lange gut gehen.«
»Hä? Wie meinst du das?«
»Dass wir sie über kurz oder lang ins Heim geben müssen, das meine ich. – Was ist? Hast du deine Hausaufgaben fertig?«
Marx glaubt es nicht mehr. Ist das alles, was sie dazu zu sagen hat?
»Aber sonst hast du keine Probleme oder was? Mann, das ist deine Mutter, ich meine, wir könnten sie doch auch hierherholen, ist doch genug Platz hier, das würde doch gut gehen ...«
»Und wer soll sich dann um sie kümmern«, fragt seine Mutter, »du etwa?«
Sie legt die Zeitschrift beiseite. Als sie weiterredet, klingt sie ganz vernünftig. Nicht so zickig wie sonst jedenfalls. Ganz ruhig. Nur was sie sagt, klingt überhaupt nicht vernünftig ...
»Sieh mal, Sebastian«, sagt sie, »ich habe da schon oft genug mit deinem Vater drüber gesprochen. Oma war schon immer starrköpfig, und das wird nicht besser, je älter sie wird. Das ist einfach nicht zumutbar, für niemanden. Sie muss eben sehen, wie sie alleine zurechtkommt. Und wenn

es nicht mehr geht, muss sie ins Heim. Wir haben jedenfalls selber genug Probleme, auch ohne Oma!«
Für einen Moment blickt Marx auf den Fernseher. Skispringen. Ein Norweger hat gerade irgendeinen Rekord gebrochen.
Leise sagt Marx: »Und ich bin eins von euren Problemen, oder was willst du sagen?«
Seine Mutter guckt ihn nur an. Ohne irgendein weiteres Wort. Guckt ihn einfach nur an.
Der Norweger sagt auf Englisch, dass er sich freut. Dass er sehr glücklich sei. Dass er sich bei allen bedankt, die ihm geholfen haben. Bei der Firma, von der seine Skier sind. Bei seinem Trainer. Und bei seinen Eltern.
»Du spinnst doch!«, schreit Marx plötzlich los. »Du tickst doch nicht mehr ganz richtig! Du . . . du bist doch voll irre!«
»Ich glaube nicht, dass du so mit deiner Mutter reden solltest, oder?«
»Fuck you!«, schreit Marx und schlägt mit der Faust gegen die Wand. Dreht sich um und knallt die Tür zu. Reißt die Lederjacke vom Haken und will nur noch weg.
»Wo willst du hin?« Seine Mutter versucht, ihm den Weg zu verstellen. »Du bleibst hier, ist das klar?!«
Marx packt sie mit seinen beiden Armen und hebt sie einfach hoch. Sie schlägt mit ihren Fäusten auf seinen Rücken. Er stellt sie zur Seite wie eine Puppe.
»Ich geh Oma besuchen«, sagt er.
Marx stolpert die Stufen runter.
Es schneit wieder.

WUT 9

Irgendjemand hat mal gesagt,
er würde erst gehen,
wenn jeder gemerkt hat,
dass er da war.
Das gefällt mir gut.
Und ich werde erst gehen,
wenn jeder gemerkt hat,
wie wütend ich war.

9.

Marx steht an der Straßenbahnhaltestelle. Um zu seiner Oma zu kommen, müsste er die Sieben nehmen ...
Die Sieben ist gerade weg. Die nächste kommt in zehn Minuten. Aber Marx weiß auch gar nicht mehr, ob er überhaupt noch hinwill zu seiner Oma. Was soll er ihr denn auch sagen? Hallo, Oma, wenn du so weitermachst, kommst du ins Heim?
Klar, wahrscheinlich würde es schon Sinn machen hinzufahren. Einfach nur so. Natürlich nicht, um ihr das mit dem Heim zu erzählen. Nur um ein bisschen zu quatschen. Über alle Mögliche. Und wenn sie von früher redet, ist es ja eigentlich auch egal. Interessiert ihn zwar kein Stück, der Krieg und das alles, aber seiner Oma täte es wahrscheinlich ganz gut. Weil sie ja sonst keinen hat, mit dem sie reden kann. Es ist eben nur so verdammt anstrengend. Weil seine Oma irgendwie fest daran glaubt, dass alle Menschen gut sind. Und dass manche Leute nur deshalb voll neben der Schiene sind, weil keiner da ist, der sie genug liebt. Liebe und Verständnis, damit glaubt sie, ließen sich alle Probleme lösen. Wie im Märchen. Aber so ist sie eben. Wie die gute Königin in irgendeinem alten Märchen. Und soll er da jetzt vielleicht hingehen und ihr erzählen, dass das Leben ganz anders ist? Das macht keinen Sinn. Und sie würde es sowieso nicht kapieren ...

Auf der anderen Seite hält eine Bahn. Krawinski steigt aus. Er sieht Marx nicht. Marx guckt hinter ihm her, wie er bei Rot über die Ampel schlappt. Den Oberkörper weit nach vorne gebeugt und mit den Armen schlenkernd, wie irgend so ein bescheuerter Affe im Zoo. Die verfilzte Wollmütze, die er sich bis fast über die Augen gezogen hat, macht das Ganze auch nicht gerade besser.
»Scheiß drauf«, sagt Marx. Und meint seine Oma und sich selber und Krawinski und überhaupt das ganze Leben.
»He, Krawinski!«
Aber Krawinski hört nicht. Marx setzt sich in Bewegung. Hinter ihm rollt die Sieben in die Haltestelle. Aber da ist Marx schon über die Straße und mit ein paar schnellen Schritten bei Krawinski.
»He, Alter, geil«, sagt Krawinski und hält an, um sich eine Zigarette zwischen die Lippen zu schieben.
»Auch eine?«
»Klar«, sagt Marx. Er beugt sich vor. Krawinski gibt ihm Feuer.
»Läuft irgendwas?«, fragt Marx.
»Nur zu Alex«, sagt Krawinski. »Bisschen was trinken.«
Marx nickt.
»Bin dabei. Kommt sonst noch wer?«
Krawinski zuckt mit der Schulter.
»Keine Ahnung. Hab dem Chinesen eine Nachricht geschickt, aber glaube nicht, dass er kommt.«
Sie nehmen die Abkürzung quer über den Parkplatz. Der Supermarkt hat noch auf. Und es ist noch jede Menge Betrieb auf dem Parkplatz. Nicht weit von ihnen wuchtet ein Mann

eine Kiste Bier in den Kofferraum seines Mercedes. Und dreht sich dann um, um den Einkaufswagen zurückzubringen. Den Kofferraumdeckel lässt er offen.
»Ist das was für uns?«, fragt Krawinski.
Marx nickt.
»Ich den Typen, du das Bier«, erklärt Krawinski.
Er erwischt den Mercedesfahrer, als der gerade seinen Euro aus dem Schlitz nehmen will. Marx sieht, wie Krawinski auf den Typen einredet. Er kann sich ungefähr vorstellen, wie das Ganze abläuft: He, guter Mann, kann ich den Euro da haben? Ich meine, ist doch nur ein Euro, und ist auch für einen guten Zweck, ist nämlich so, dass meine kleine Schwester . . ., also mein Alter ist schon lange tot und jetzt ist meine Mutter abgehauen, und wir schieben voll Hunger und so. Und so weiter. Vielleicht ist es diesmal auch die große Schwester. Oder der kleine Bruder. Völlig egal. Hauptsache, der Typ ist für einen Moment abgelenkt . . .
Marx schiebt sich neben den Kofferraum des Mercedes. Mit den Händen in den Jackentaschen.
Er guckt sich um. Weit und breit keiner, der ihn gerade beobachtet. Alle sind mit sich selber beschäftigt.
Marx greift sich den Kasten und verschwindet hinter einem Lieferwagen. Und rüber zum Fitness-Studio und durch den schmalen Gang in die Grünanlage. Fast rechnet er damit, dass hinter ihm gleich das große Geschrei losgeht. Aber nichts passiert.
Marx schiebt den Kasten unter irgendein Gestrüpp. Setzt sich dann auf die nächste Bank und tut so, als würde er da

schon die ganze Zeit sitzen. Aber es kommt sowieso keiner, der sich für ihn interessieren würde.
Marx merkt, wie er schwitzt. Immer noch. Und seine Knie zittern ein bisschen. Die Hände wahrscheinlich auch. Obwohl er sie längst wieder zu Fäusten geballt tief in den Jackentaschen vergraben hat. Aber das ist der Kick. Adrenalin und so. Haben die Steinzeitjäger früher schon gebraucht, um sich mit nichts als einem Speer auf irgendein Mammut oder so was zu stürzen. Und die Piraten, wenn sie ein fremdes Schiff geentert haben, auf dem ein Haufen bis an die Zähne bewaffneter Soldaten nur darauf gewartet hat, ihnen ihre Säbel in den Bauch zu rammen.
Jeder braucht den Kick. Um zu spüren, dass er lebt.
Krawinski kommt grinsend um die Ecke gebogen.
»Geil, Alter, du glaubst es nicht! Der Typ hat mir echt seinen Euro gegeben, obwohl ich denselben Scheiß gelabert habe wie immer. Und dann bin ich aber an dem drangeblieben, als er zu seiner Karre zurück ist, und habe ihn noch weiter zugelabert, und da war der echt so fertig, dass er nur den Kofferraum zugeklappt hat, so im Vorbeigehen, ohne reinzugucken, und weg! Ist das geil? Der hat überhaupt nichts gemerkt, kapierst du? Hier . . .« Krawinski wirft den Euro hoch und fängt ihn mit einer schnellen Bewegung wieder auf, »ein Euro, Alter!«
Er grinst.
»Zeig mal den Stoff! Was ist es?«
»Becks«, sagt Marx.
»Becks? Geil. – Los, komm, jeder eine für den Weg, brauche ich jetzt.«
Krawinski bückt sich und zieht zwei Flaschen aus dem Kas-

ten. Drückt die Flaschen gegen den Rahmen der Bank und haut die Kronkorken vom Hals.
»Prost!«
»Prost ...«
Krawinski rülpst. »Schön kalt, das Bier«, stellt er fest.
»Scheißkalt«, sagt Marx. Und hat eigentlich gar keine Lust weiterzutrinken. Trinkt aber trotzdem. Das Zittern in seinen Knien hört langsam auf.
Krawinski nimmt seine leere Flasche und wirft sie in hohem Bogen gegen die Rückwand des Fitness-Studios. Es knallt, als die Flasche aufkommt. Dann spritzen die Scherben im weiten Umkreis in den Schnee. Lautlos.
»Das ist Pfand, Mann«, sagt Marx und stellt seine Flasche zurück in den Kasten.
»Ein Euro!« Krawinski grinst und klopft sich auf die Hosentasche, in die er den Euro geschoben hatte.
Sie nehmen den Kasten zwischen sich und gehen weiter. Marx ist ein bisschen schwindlig im Kopf. Und das halbe Bier in seinem Magen fühlt sich an wie eine Faust.
Alex' Eltern haben echt Kohle ohne Ende. Der Schuppen, in dem sie wohnen, ist noch mal deutlich protziger als der von Marx. Alex hat sogar eine eigene Wohnung. Im Keller zwar nur, und auch nur ein Zimmer, aber dafür mit einem Extra-Eingang und eigenem Klo und Dusche und so. Und wenn er was zu essen haben will, braucht er nur nach oben zu brüllen, und seine Mutter bringt ihm was. Obwohl die Stimmung im Moment nicht so gut ist. Seit seine Alten Alex für drogensüchtig halten, beobachten sie ihn auf Schritt und Tritt. Sogar seine Bong haben sie einkassiert.

»Geil, Becks«, sagt Alex, als sie den Kasten bei ihm vor den Fernseher knallen.
»Guckst du dir die Scheiße da gerade an oder was?«, fragt Krawinski und nickt zu dem Fernsehbild hin. »Gibt's nichts anderes?«
»Meine Alte guckt dasselbe«, sagt Marx. Dann stutzt er. Aber es stimmt wirklich. Im Fernsehen ist schon wieder der Norweger. Und bedankt sich immer noch.
»Muss geil sein, so eine Schanze runterzufliegen«, meint Alex. »Überhaupt fliegen. Auch Fallschirm und so. Würde ich gern mal.«
»Musst du zum Bund«, meint Krawinski. »Da geht das. Am besten Einzelkämpfer. GSG 9 und so was.«
»Vergiss es«, sagt Marx. »Da ist auch nichts los. Die saufen nur.«
»Woher weißt du denn das?«, regt sich Krawinski auf. »Ist doch Quatsch, stimmt doch gar nicht. Das ist voll gut da beim Bund.«
»Ich kenne einen, der war da«, sagt Marx. »Und der hat gesagt, sie haben die ganze Zeit nur auf der Stube rumgehangen und gar nichts gemacht. Nur gesoffen.«
»Ist doch geil«, sagt Alex. »Wie bei uns.« Alex angelt sich eine Flasche Bier aus dem Kasten.
»Glaub ich nicht«, sagt Krawinski. Und seine Stimme klingt irgendwie beleidigt. Als ginge es gegen ihn.
Und dann hängen sie nebeneinander auf dem Sofa und starren auf den Fernseher. Jeder mit seiner Flasche in der Hand.
Der Norweger ist immer noch im Bild. Aber jetzt mit irgendeiner alten Aufnahme, von früher. Schon ein paar Jahre her.

Da ist er irgendwie abgeschmiert und hat sich voll hingepackt. Sah übel aus. Aber er ist ja wieder geworden. Jetzt springt er ja wieder. Hat sogar irgendeinen Scheißrekord geholt.
Marx stellt die Flasche auf den Tisch. Eben noch hatte er das Gefühl, dass er rülpsen müsste. Oder dass ihm gleich schlecht wird oder so. Jedenfalls hat er Magenkrämpfe. Das rumort irgendwie in seinem Bauch ...
Er springt auf und schafft es gerade noch auf Alex' Klo ... Die Lüftung über Marx arbeitet auf Hochtouren. Aber umsonst. Hilft überhaupt nichts.
»Mann, was ist los?«, hört er Krawinski aus dem Zimmer nebenan rufen, »kannst du nicht leiser machen? Ich will Fernsehen gucken, Mann!«
Marx krümmt sich erneut zusammen.

WUT 10

Ich bin so wütend,
dass es mir Angst macht.
Angst vor mir selber,
vor dem,
was ich tun könnte.
Ich bin so wütend,
dass ich laut losbrüllen möchte,
beißen, kratzen, spucken,
um mich schlagen,
irgendetwas kaputt machen,
eine Tür eintreten,
ein Fenster einschlagen,
den Fernseher aus dem Fenster werfen,
das Geschirr zerschmeißen,
Reifen zerstechen,
Lack zerkratzen,
eine Bombe werfen.

Aber ich tu es nicht.
Und das macht mich noch wütender.
Ich tu es nicht,
weil ich Angst habe,
davor, dass sie mich erwischen,
dass ich jemand wehtue,
dass es falsch ist.

Ich weiß, dass es falsch ist.
Aber wo soll ich hin mit meiner Wut?
Verdammt.
Ich möchte Blitze schleudern!

10.

Eine Viertelstunde später. Marx kommt vom Klo. Krawinski hebt grinsend die Bierflasche. Die dritte oder vierte inzwischen . . .
»Alles klar oder brauchst du einen Kamillentee oder was?«
Alex prustet los.
»Kamillentee . . . geil, Alter!« Krawinski drückt den Daumen auf den Flaschenhals und schüttelt. Marx kann gerade noch ausweichen.
»Was soll das? Bist du blöd, Mann?«
»Raumdeo«, erklärt Krawinski ganz ernst. »Falls die Mama kommt!« Um gleich darauf loszulachen, bis er kaum noch Luft kriegt.
»Kamillentee!«, kichert Alex. »Ich glaub's ja nicht mehr . . .«
Marx braucht einen Moment, bis er kapiert, was los ist. Dann sieht er auch den Stummel im Aschenbecher.
»Und was ist mit deinen Alten?«, fragt Marx. »Ich denke, die . . .«
»Die können mich mal«, sagt Alex. »Ich lass mich doch von denen nicht verarschen.«
»Hättest ja was abhaben können«, sagt Krawinski, »aber irgendwie warst du nicht da . . .«
»Er war weg«, nickt Alex.
»Genau. Irgendwie warst du weg«, sagt Krawinski. »Aber voll!«
»Kamillentee«, kichert Alex wieder los, »Mann, ist das bescheuert . . .«

»Ihr seid bescheuert«, sagt Marx. Er steht mitten im Raum. Ihm ist immer noch komisch. Zittrig irgendwie.
»He, geh mal aus dem Bild!« Krawinski beugt sich vor. »Ist ja geil . . .«
Marx dreht sich um. Dismissed. MTV.
Krawinski stellt den Ton lauter.
Ein leicht angefetteter Ami hängt mit zwei Tussis in einem Whirlpool rum. Es sieht so aus, als würde die eine unter Wasser an ihm rumfummeln.
»I love tough guys«, sagt sie dabei in die Kamera. »Guys who know what they want.«
Die andere sagt gar nichts.
»Mann, das wär's ja wohl«, sagt Krawinski. »Mann, echt!«
»Lass uns irgendwo hingehen«, schlägt Marx vor. »Ich hab keinen Bock auf Abhängen.«
»Warte doch mal . . .« Krawinski beugt sich noch weiter vor. Bis er fast vom Sofa fällt.
Der Ami im Whirlpool taucht unter. Die beiden Tussis fangen an zu kreischen und bespritzen sich mit Wasser.
»Babykram«, sagt Alex.
»Überhaupt nicht«, meint Krawinski.
Marx nimmt die Fernbedienung und schaltet den Fernseher aus.
»Fuck«, sagt Krawinski. »War doch gut, was willst du denn?«
»In der Disco am Kanal ist eine Party«, sagt Marx. »Los, gehen wir dahin!« Marx zieht seine Lederjacke über.
»Aber immer doch«, sagt Alex und leert den Aschenbecher in eine Plastiktüte.

»Hier, halt mal.« Er streckt Marx die Tüte hin. »Müssen wir draußen irgendwo in den Müll schmeißen. Ich lass mich doch nicht verarschen von meinen Alten . . .« Er bückt sich, um seine Turnschuhe anzuziehen.

»Disco. Fuck! ist doch langweilig«, sagt Krawinski. »Kommen wir da überhaupt rein? Ich meine, kennst du da einen oder was?«

»Wird schon einer da sein, den wir kennen«, meint Marx.

Alex schiebt sich eine Flasche in die Jacke. »Willst du auch noch eins?«

Marx schüttelt den Kopf.

»Aber ich!«, brüllt Krawinski. »Okay, Leute, mischen wir die Szene mal ein bisschen auf da. Hoffentlich sind genug geile Weiber da! Oder reicht auch schon, wenn es nur drei sind . . .« Krawinski kichert. »Eine für mich und noch eine für mich, und die dritte könnt ihr euch ja dann teilen. Ist ja nicht mein Bier. Könnt ihr machen, wie ihr wollt. Und ich dann jedenfalls mit zwei Weibern, und dann gucke ich mal, welche die geilere ist, und die andere? Dismissed. Tut mir leid. I'm sorry. Kannst ja noch mal anrufen, wenn du willst . . .«

»Was laberst du da eigentlich?«, fragt Marx.

»Ich doch nicht«, sagt Krawinski.

Es schneit wieder. Sie nehmen die Bahn bis zur nächsten Haltestelle. Als sie über die Brücke kommen, sehen sie schon die Leute vor der Diskothek. Mindestens zwanzig oder dreißig.

»Einlasskontrolle, fuck!«, stellt Krawinski fest.

Eine leere Flasche zerplatzt neben ihnen auf dem Fußweg.

Ein paar Mädchen gucken zu ihnen rüber.

»He!« Der Chinese winkt ihnen zu.
»Was läuft?«, will Krawinski wissen. »Einlasskontrolle oder was?«
Der Chinese zuckt mit der Schulter.
»Scheißvolk da drin. Alles Schwitters-Gymnasium. Sind alle breit. Aber du kommst nicht rein. Hab's schon versucht.«
»Und hier?«, fragt Alex.
»Geile Stimmung«, sagt der Chinese. Er zieht sie mit zu einem Typen, der eine Flasche rumgehen lässt. »Hier, sind meine Kumpels . . .«
Der Typ hält ihnen die Flasche hin. Marx kennt ihn vom Sehen.
»Rum«, sagt der Chinese, »achtzig Prozent. Musst du echt ein bisschen aufpassen.«
»Ist doch geil«, meint Krawinski.
Der Chinese grinst.
Das Zeug brennt wie Feuer. Marx kriegt kaum noch Luft.
»Jetzt ich«, verlangt Krawinski.
Marx guckt sich um.
»Ist Marie auch da?«
»Blöde Tucke«, sagt der Chinese. »Weiß nicht, was sie will.«
»Will nicht oder was?«, fragt Alex.
»Dismissed, Mann«, sagt Krawinski. »Ganz einfach, vergiss es. Wer nicht will, der hat schon.« Er trinkt. »Mann! Harter Stoff, echt!« Er gibt die Flasche weiter. »Haben wir nämlich gerade gesehen, so ein Typ mit zwei Tussis im Whirlpool . . .«
Marx geht zu ein paar anderen Leuten rüber. Sandra ist auch da. Und noch ein paar, die er kennt.
Marx flirtet ein bisschen mit Sandra. Nur so, zum Spaß. Grinst sie immer mal wieder an, erzählt ihr irgendeinen be-

knackten Witz, guckt ihr einmal sogar in die Augen. Und sie guckt nicht weg.
Scheißbier vorhin. Aber der Schluck Rum hat ihm gut getan. Das Rumoren in seinen Eingeweiden ist endgültig vorüber. Und er ist gut drauf. Lässt die Schultern unter der Jacke spielen. Kippe im Mundwinkel. Cool.
Noch ein Schluck kann nicht schaden.
Marx holt sich die Flasche.
Aus dem Augenwinkel sieht er, wie ein paar neue Typen kommen und in die Disco wollen. Und Zoff mit dem Typen am Eingang anfangen. Aber irgendwer fängt immer Zoff an. Und ist ja auch egal. Hat er ja nichts mit zu tun. Er ist einfach nur gut drauf. Er nimmt einen Schluck und gibt die Flasche an Sandra weiter.
Aber dann hört er Krawinskis Stimme: »Fuck!« Und dann: »Du Scheiß-Russe, ich lass mich nicht anmachen von dir, wenn du eins auf die Fresse willst, dann komm her!«
Krawinski schlägt ziellos auf einen Typen ein, der mindestens zwei Köpfe größer ist als er. Mit blond gefärbten Haaren. Und der vor allem nicht alleine ist. Vier Typen. Krawinski hat keine Chance. Außerdem ist er besoffen.
»Wer ist das?«, fragt Sandra.
»Irgendwelche Arschlöcher, die er kennt«, sagt Marx. »Irgendeine alte Sache, Polen gegen Russen oder so was.«
Krawinski pöbelt weiter. Die Typen machen sich einen Spaß daraus, ihn immer hin- und herzustoßen. Von einem zum anderen.
Der Chinese verdrückt sich, als würde er nicht dazugehören.
Alex guckt zu Marx.

Marx tritt seine Kippe aus.
»Mach doch irgendwas«, sagt Sandra. »Sonst . . .«
Marx zögert. Fünf oder sechs Leute stehen um die Schlägerei herum, als würden sie nur darauf warten, dass endlich einer zu Boden geht. Krawinski. Das Blut fließt. Die anderen halten sich in sicherer Entfernung. Haben Schiss, dass sie selber was abkriegen könnten.
»Mann, die machen ihn fertig . . .«, sagt Alex. Seine Augenlider flattern.
Marx schiebt sich zwischen den Russen durch und packt Krawinski am Arm.
»Ist okay«, sagt er zu dem blonden Typen. »Ich bring ihn nach Hause. Er ist besoffen«, setzt er hinzu und will Krawinski wegziehen.
»Verpiss dich«, sagt der Blonde, »das geht dich nichts an.«
Marx tut so, als hätte er nicht gehört.
Krawinskis Lippe blutet.
»Hörst du schlecht?«, brüllt der Blonde. »Verpiss dich, du Ratte!«
Er verpasst Marx einen Schlag gegen die Schulter, der ihn fast umwirft. Der nächste Schlag erwischt Krawinski in der Magenkuhle. Krawinski klappt zusammen und kippt stöhnend nach vorne.
»Arschloch«, sagt Marx. Obwohl er genau weiß, dass er besser nichts gesagt hätte. Aber es ist ihm so rausgerutscht.
Dann weiß er nur noch, dass der Blonde irgendeine schnelle Bewegung gemacht hat. Und Marx plötzlich im Schwitzkasten gepackt hält und ihn hin- und herschleudert, als wäre er eine willenlose Puppe.

Marx keucht. Er hat Mühe, überhaupt Luft zu kriegen. Der Blonde zieht den Griff noch weiter zu.
Dann knallt Marx mit dem Rücken gegen das Geländer zum Kanal. Und gleich noch mal. Mit aller Wucht. Marx hat das Gefühl, als hätte er keinen heilen Knochen mehr.
»Mach ihn alle«, sagt irgendeine Stimme, »und dann schmeißen wir ihn ins Wasser, den Scheiß-Hippie!«
»Scheiß drauf«, sagt der Blonde und lässt plötzlich los. Marx sackt am Geländer nach unten.
Der Blonde verpasst ihm noch einen Tritt. Aber ohne Kraft, nur so.
»Ist doch langweilig«, sagt er. »Kleinkinderscheiße.« Dann zieht er mit seinen Kumpels ab über die Brücke.
Ein paar Leute kommen und richten Marx auf.
»Geht schon«, sagt er, als er Sandra sieht. Er wischt sich einen Spuckefaden vom Kinn und versucht zu grinsen. Sein Rücken tut verdammt weh. Und sein Hals kratzt. Marx schluckt ein paar Mal.
Irgendjemand hält ihm eine Flasche hin.
»Nee, lass mal«, sagt Marx.
»Du hättest dem Typen bloß einfach in die Eier treten müssen, sagt Alex. »Aber voll.«
»War doch klar«, sagt der Chinese, der plötzlich wieder aufgetaucht ist, »was mischst du dich da auch ein?«
Krawinski kommt auf sie zugewankt. »Danke, Alter«, lallt er. »Hast was gut bei mir.«
»Ein anderes Mal vielleicht«, sagt Marx. Sein Hals kratzt immer noch.

WUT 11

Das Betreten des Rasens ist verboten.
Das Ballspielen im Hof ist verboten.
Das Betreten des Grundstücks ist verboten.
Das Rennen auf dem Flur ist verboten.
Das Betreten der Baustelle ist verboten.
Das Klettern auf den Bäumen ist verboten.
Das Rutschen auf dem Geländer ist verboten.
Das Öffnen des Fensters ist verboten.
Das Offenlassen der Türen ist verboten.
Das Fahren mit Fahrrädern ist verboten.

Es ist verboten, auf den Boden zu spucken,
während der Fahrt mit dem Fahrer zu sprechen,
den Notschalter zu betätigen,
sich hinauszulehnen,
einfach auszusteigen,
ohne Fahrschein zu fahren,
sich nicht anzuschnallen,
keinen Helm zu tragen,
nackt zu baden,
laut Musik zu hören,
mit Kippen Löcher in die Sitzbänke zu brennen,
das Eis zu betreten,
über den Zaun zu klettern.

Es ist auch verboten,
Steuern zu hinterziehen,
Waffen zu verschieben,
Geld zu waschen,
die Umwelt zu vergiften,
Menschen auszubeuten,
zu foltern,
zu verstümmeln,
verhungern zu lassen,
zu ermorden,
die Menschenwürde zu missachten.

Auch das ist verboten.
Und passiert trotzdem.
Jeden Tag.
Überall.
Aber keiner stört sich dran.
Keiner regt sich drüber auf.
Das ist NORMAL.
Das ist eben so.
Und keiner schreit vor Empörung.
Vor Entsetzen.
Vor ohnmächtiger Wut.
Aber wehe,
einer betritt den Rasen,
dessen Betreten verboten ist . . .

11.

Marx schließt die Haustür auf. Seine Alten haben Besuch. Und scheinen sich bestens zu amüsieren ...
Marx will die Treppe hoch. Aber dann bleibt er doch noch mal stehen und horcht auf die Stimmen, die aus dem Wohnzimmer kommen.
Sie müssen schon gut was getrunken haben. Irgendeiner erzählt gerade schweinische Witze. Und die Frauen kreischen jedes Mal. Da! Das ist seine Mutter jetzt ...
»Kennt ihr den? Durch die Lüfte fliegt ein Geier, von unten sieht man seine ... Füße!«
Und wieder lautes Gekreische. Na wunderbar. Marx glaubt es nicht mehr. Seine Mutter! Lady D. unter Starkstrom!
Die Frau, die jetzt redet, könnte glatt Alex' Mutter sein. Mit den Eltern von Alex hängen seine beiden Alten manchmal rum. Aber die Frau hat Mühe, überhaupt noch irgendeinen klaren Satz rauszukriegen. Verheddert sich dauernd. Irgendein Witz mit drei Ärzten, von denen der eine natürlich ein Gynäkologe ist. Die Tussi braucht echt fünf Anläufe, bis die anderen ihr unter viel Gejohle helfen. Gynodingsda. Haha! Sehr witzig. Und dann versiebt sie auch noch die Pointe! Wahrscheinlich wirklich Alex' Mutter. Aber jetzt kommt sein Alter. Muss natürlich mal wieder einen draufsetzen ...
»Hört mal her, Freunde, bei Gynäkologe fällt mir gerade

noch einer ein: Es ist zum Kotzen, sprach Dr. Watson, die kleinsten Frauen haben die größten . . . Füße!«
Marx verdreht die Augen und schleicht zu seinem Zimmer. Knipst die Schreibtischlampe an und schlägt die Kladde auf. Von unten kommt wieder Gekreische.

Am Abend haben wir dann zusammen gekocht. Irgendwie hatten wir alle total Hunger, wahrscheinlich auch von dem Dope. Und Hendrik hat zwei Töpfe mit Spaghetti gemacht, aber es war schon klar, dass es zu viel ist für uns, weshalb wir dann auch noch die Leute aus dem Zelt gegenüber eingeladen haben. Die Frau, die auf Hendrik stand, hat noch Tomatensoße dazu gemacht, mit reichlich Zwiebeln und Knoblauch ohne Ende. Wir müssen echt gestunken haben wie Puma, aber war ja egal.
Und dazu haben wir Wein getrunken, ganz billigen, vom Supermarkt am Campingplatz, mit Flaschen ohne richtigen Korken, nur mit einem Drehverschluss, aber war trotzdem gut, und wir haben über alles Mögliche geredet, und die Frau, die auf Hendrik stand, kannte einen echt guten Witz: »Treffen sich ein Cowboy und ein Indianer, und weil der Indianer ja kein Englisch kann und der Cowboy keine Indianersprache, müssen sie in Zeichensprache miteinander reden. Der Indianer geht also auf den Cowboy zu und streckt ihm den Zeigefinger entgegen. Daraufhin hält der Cowboy zwei Finger hoch. Der Indianer legt dann seine Handflächen wie ein Dach oder so was zusammen, und der Cowboy macht mit der Hand eine schlängelnde Bewegung, und dann gehen sie. Als der Cowboy zu Hause ist, sagt er zu seiner Frau: ›Heute habe ich

einen Indianer getroffen, ich weiß auch nicht, was los ist, die werden immer feiger, diese Rothäute, erst kommt er zu mir und streckt mir den Zeigefinger entgegen, was ja wohl heißen sollte: Ich erschieße dich. Also halte ich zwei Finger hoch: Bis du das gemacht hast, habe ich dich schon zweimal erschossen. Da legt er seine Hände wie so ein Dach zusammen: Dann gehe ich mal besser nach Hause. Und ich sage: Hau bloß ab, du, und wedel so mit der Hand rum, und der Typ haut wirklich ab.‹ – Und als der Indianer nach Hause kommt, sagt er zu seiner Squaw: ›Heute habe ich einen Cowboy getroffen, Mann, ich weiß echt nicht, was los ist, die werden immer blöder, die Bleichgesichter. Ich gehe hin und frage: Und, wie heißt du? Und er sagt: Ziege. Da frage ich ihn: Bergziege? Und er sagt: Nee, Flussziege!‹«

Die Frau hat den Witz gleich noch mal erzählen müssen, und dann haben wir es alle versucht, aber Hendrik ist immer nur bis zu der Stelle gekommen, wo der Cowboy seine zwei Finger hochhält, und dann hat er jedes Mal schon einen Lachanfall gekriegt und sich die Tomatensoße oder den Rotwein aufs T-Shirt gespuckt, weshalb er zum Schluss auch wirklich aussah wie die letzte Sau. Die Frau hat ihm dann ein T-Shirt von sich geliehen, was Quatsch war, weil Hendrik selber genug Klamotten hatte, aber er hat es trotzdem angezogen, obwohl es ihm viel zu kurz war und zu eng und er wirklich ziemlich albern damit aussah. Auf dem T-Shirt von der Frau stand vorne drauf: Bitte sprechen sie langsam – ich bin blond! Wir haben Hendrik den ganzen Abend damit aufgezogen, vor allem weil er ja wirklich blond war, aber Hendrik war einfach nur total stolz mit dem T-Shirt ...

Von unten kommt neues Gekreische. Marx presst sich die Hände auf die Ohren. Er will das Bild nicht verlieren, wie Hendrik dann nachts mit dem bescheuerten T-Shirt vor ihm her zum Parkplatz gelaufen ist. Seinen Arm hatte er um die Schultern der Frau gelegt und sie hatte ihren Arm um seine Hüften, und mit der freien Hand hat Hendrik immer abwechselnd zwei Finger hochgehalten oder so getan, als hätte er eine Pistole, und hat sich immer noch halb schlappgelacht dabei.
Marx nimmt die Hände von den Ohren. Stimmt, er hat sich nicht getäuscht. Irgendjemand kommt die Treppe hoch. Sein Vater!
Marx lässt schnell die Schreibkladde verschwinden. Sein Vater stößt die Tür auf. Sein Gesicht ist rot, und eine Haarsträhne fällt ihm über das linke Auge. Außerdem hängt ihm ein Hemdzipfel aus der Hose. Und er stinkt bis zu Marx rüber nach Zigarettenrauch und Wein. Aber er hält sich sauber. Schwankt kein Stück. Ist nur ein bisschen außer Atem von der Treppe.
»Na?«, fragt Marx, »ist ja gute Stimmung bei euch da unten. Muss euch ja gut gehen.«
»Das ist nicht witzig«, setzt sein Vater an.
Marx grinst.
»Finde ich auch«, sagt er.
Sein Vater schüttelt den Kopf.
»Du kommst spätabends nach Hause und schleichst dich auf dein Zimmer und sagst noch nicht mal Guten Abend, das ist nicht witzig, verstehst du? Wir haben Gäste!«
»Hört man«, sagt Marx. »Sei doch froh, dass ich überhaupt nach Hause gekommen bin.«

Sein Vater beugt sich vor. »Hast du etwa Hasch geraucht? Du siehst so komisch aus!«
»Und du?«, fragt Marx. »Du siehst auch komisch aus. Bist du etwa betrunken oder was?«
»Werd nicht frech«, sagt sein Vater.
Marx verzieht nur das Gesicht.
Von unten ruft irgendjemand nach Marx' Vater.
»Geh mal in den Keller«, sagt er, »und hol uns noch ein paar Flaschen Wein hoch.«
»Hä?«, macht Marx. »Wieso das denn?«
»Weil ich es sage.«
»Geh doch selber ... ist doch eure Party!« Marx zeigt seinem Vater einen Vogel.
Der holt mit der flachen Hand aus, als wollte er zuschlagen. Dann dreht er sich wortlos um und verschwindet im Badezimmer.
Marx schiebt die Schreibkladde in seine Jacke und springt die Treppenstufen runter. Bloß weg, solange der Alte noch auf dem Klo ist.
Im Wohnzimmer hören sie jetzt Musik. Irgendwas von früher, klar. Marx kennt den Song als Coverversion. **We are the children of the revolution**. Vor allen Dingen, denkt Marx. Davon wüsste er ja wohl was.
Von oben kommt sein Alter. Marx denkt nicht lange nach. Er dreht sich um und nimmt die Stufen zum Keller runter. Will eigentlich nur warten, dass sein Alter im Wohnzimmer verschwindet, und dann nichts wie weg.
»Bring uns mal was von dem Bordeaux, Sebastian!«, ruft sein Vater hinter ihm her. Ganz Kumpel jetzt. Schon klar,

Haltung bewahren vor den Gästen. Sieht zwar ein bisschen verboten aus, der Sohn, und raucht auch manchmal und war bestimmt auch schon mal betrunken, aber es gibt Schlimmeres. Ist nur wichtig, nicht den Kontakt zu verlieren. Ihm zu zeigen, dass man da ist. Und ansonsten immer mal eine feste Hand, das brauchen die in dem Alter.
»Hast du nicht gehört, Sebastian? Von dem Bordeaux, links oben im Regal. Und beeil dich, Junge, wir sitzen gleich auf dem Trockenen hier!«
Marx tippt sich wieder an die Stirn. Am besten erst gar nicht mehr hoch. Gleich zur Kellertür hinten raus und durch den Garten. Aber als er vor dem Weinregal steht, kann er plötzlich nicht anders. Er zieht irgendeine Flasche raus. Na bitte, wer sagt es denn: Bordeaux! Marx hält die Flasche mit ausgestrecktem Arm von sich weg ...
Dann dreht er sich noch mal um und schließt leise die Eisentür zur Treppe. Klemmt den alten Holzstuhl unter die Klinke. Und lässt die erste Flasche auf den Betonboden knallen. Riecht gut. Kann kein schlechter Stoff gewesen sein. Und gleich die nächste Flasche. Côte du Rhône. Languedoc. Burgund. Nach der fünften oder sechsten Flasche guckt er sich gar nicht mehr die Etiketten an. Zieht einfach nur die Flaschen aus dem Regal und lässt sie fallen. Patscht mit den Turnschuhen durch die Rotweinpfützen und grinst vor sich hin. Wie besoffen. Obwohl er völlig klar ist im Kopf. Und genau weiß, was er da tut. Nicht dass er die Rotweinvorräte vernichtet. Nein, er vernichtet seinen Alten höchstpersönlich!
Aber er ist ja nicht unfair. Er lässt ihm eine Flasche übrig.

Die, an der ein Zettel klebt, auf dem sein Vater notiert hat: »Mindestens noch fünf Jahre lagern!« Und das Datum von diesem Monat dazu.
Aha, sie haben was gemerkt da oben. Irgendjemand rüttelt an der Klinke. Und schlägt gegen die Tür. Wird wohl der Alte sein.
Marx legt die letzte Flasche zurück ins Regal und dreht den Schlüssel in der Außentür. Zieht die Tür hinter sich zu und schlägt den Jackenkragen hoch.

WUT 12

Ich lese in der Zeitung,
dass Jack Nickolson Tausenddollarnoten
im Kamin verbrannt hat,
um seine Partygäste zu schockieren,
und Robbie Williams hat mal eben
fünfzigtausend Pfund beim Pokern verspielt,
und Schumacher, Kahn und Beckham
und wie ihr alle heißt:
Ihr macht mich wütend!
Ihr habt Geld und ihr habt Macht,
euer Name zählt
und ihr begreift es einfach nicht:
Euer Geld, euer Name, eure Macht
verpflichten euch dazu,
dass ihr endlich Verantwortung übernehmt!
Dass ihr euch einmischt!
Dass ihr etwas ändert,
wo etwas geändert werden muss.
Dass ihr mit euren feinen Freunden redet,
Dass ihr dem armen Mann
endlich die Hälfte von eurem warmen Mantel abgebt.
Aber wahrscheinlich seid ihr einfach zu blöd dazu.
Oder zu bequem.
Und das macht mich wütend.

12.

Erst als Marx schon geklingelt hat, wird ihm plötzlich klar, wie spät es inzwischen sein muss. Aber es ist noch Licht an. Der Türsummer ertönt ...

Marx drückt die Tür auf. Als er vor der Wohnung im Erdgeschoss steht, blinzelt ihm irritiert ein Mann entgegen.

»Ja?«

»Entschuldigung«, stottert Marx, »aber ... also ... na ja, ich wollte eigentlich zu Marie und ...«

Der Mann mustert ihn von oben bis unten.

»Ich bin nicht betrunken«, sagt Marx schnell. »Was Sie riechen, ist nur meine Hose.«

Er zeigt auf seine Hosenbeine, die bis zu den Knien hoch mit Wein bespritzt sind.

»Ah ja«, sagt der Mann, »klar.« Er dreht sich um. »Marie!«, ruft er, »hier ist jemand für dich!«

Irgendwo in der Wohnung geht eine Zimmertür. Dann steht Marie vor ihm. Nur mit einem langen Sweatshirt und Skisocken. Sie sieht aus, als hätte sie schon geschlafen.

»Du?«, fragt Marie.

»Ich«, sagt Marx.

»Komm rein«, sagt Marie. »Ist schon okay, Paps«, setzt sie für ihren Vater hinzu, »das ist Marx, aus meiner Klasse.«

Der Mann gibt die Tür frei.

Marx folgt Marie in den Flur.

In der Küche steht eine Frau, die haargenau aussieht wie eine ältere Ausgabe von Marie.
»Das ist Marx«, erklärt Marie noch mal, »aus meiner Klasse.«
Die Frau lächelt Marx zu.
»Wenn es Probleme gibt, sag Bescheid«, ruft Maries Vater hinter ihnen her.
»Schon klar«, sagt Marie.
Dann stehen sie in Maries Zimmer.
»Puh!« Marx tut so, als würde er sich den Schweiß von der Stirn wischen. »Tut mir leid, ich wusste nicht, wo ich sonst hinsollte. – Aber irgendwie nett, deine Alten. Meine wären total ausgeflippt, wenn ich um die Zeit vor der Tür gestanden hätte, also ich meine, wenn du ...«
»Du stinkst«, unterbricht ihn Marie.
»Ich weiß«, sagt Marx wieder schnell, »aber das ist nur meine Hose. Alles Rotwein, aber nur vom Feinsten! Und alles verschiedene Sorten, Languedoc, Roussillon, ein bisschen Burgunder und jede Menge Bordeaux ... hier«, er zeigt auf sein rechtes Hosenbein, »das ist zum Beispiel alles Bordeaux ...«
Marie kichert. »Du spinnst!«
Marx grinst. »Nee, so einfach ist das nicht ...«
»Sondern?«
»Ich hab gerade meinem Alten seine Rotweinvorräte vernichtet, eine Flasche nach der anderen ... Zack! Bumm!«
Marx macht vor, wie er die Flaschen auf den Betonboden hat fallen lassen.
»Und warum?«, fragt Marie.

Marx holt tief Luft. »Zwei Gründe«, sagt er dann. »Erstens: Der Alte hat es nicht anders verdient. Und zweitens: Ich will ja nicht, dass er noch zum Alkoholiker wird . . .!«

»Du spinnst wirklich«, wiederholt Marie kichernd. Sie hockt sich auf ihr Bett, mit dem Rücken zur Wand, und zieht sich das Sweatshirt über die Knie.

Marx guckt sich um. »Ist das erste Mal, dass ich in deinem Zimmer bin . . .«

»Ich weiß.«

»Sieht ganz anders aus als bei mir . . .«

Marx beugt sich vor. Die Wand neben Maries Schreibtisch ist übersät mit Notizzetteln. Einer neben dem anderen, mit Reißzwecken an die Tapete gepinnt.

»Darf ich?«, fragt Marx.

Marie zuckt mit der Schulter.

Marx liest.

ES IST BESSER, WÜTEND ZU SEIN ALS TRAURIG.

Und gleich daneben:

SOLANG DU NOCH WÜTEND WERDEN KANNST, WEISST DU, DASS DU LEBST.

Und:

WO LEUTE SIND, DIE SICH WEHREN, DA IST WUT. WO WUT IST, DA IST LEBEN.

»Mein Freund Hendrik hat auch so was gesammelt«, sagt Marx, »Sprüche und so. Hat auch Gedichte geschrieben.«

Marx weiß nicht, warum er das ausgerechnet jetzt erzählt. Doch, klar. Weil ihm Hendrik nicht mehr aus dem Kopf geht. Weil er immerzu an Hendrik denken muss. Er kann nichts dagegen tun.

»Sehr schöne Gedichte«, sagt er leise. »Eins kann ich auswendig:
Du gibst mir Antworten auf Fragen, die ich nie gestellt habe. Aber wenn ich dich frage: Warum? Dann bist du plötzlich still . . .«
»Das sind keine Gedichte, was ich da geschrieben habe«, sagt Marie. »Das sind Schreie.«
Marx blickt sie an.
Sie weicht seinem Blick nicht aus.
»Weißt du eigentlich, was mit Hendrik passiert ist?«, fragt er. Und merkt selber, wie aggressiv er klingt.
»Ich hab davon gehört, ja«, sagt Marie ganz ruhig.
»Ach ja, und was?«
»Dass es letzten Sommer war, bevor wir hierhergezogen sind. Als ihr in Frankreich wart oder so. Und dass er an seiner eigenen Kotze erstickt ist.«
»Genau«, sagt Marx. »So war es. – Genau wie bei Hendrix«, setzt er plötzlich hinzu. Nur um noch irgendwas zu sagen. Irgendwas, das das Gespräch wegbringt von Hendrik.
»Wie bei wem?«
»Hendrix, kennst du nicht? Jimi Hendrix. War so ein Rockmusiker, ist auch an seiner Kotze erstickt.«
»Marx?«, fragt Marie und guckt ihm direkt ins Gesicht.
»Ja?«
»Es tut mir leid.«
»Mir auch«, sagt Marx und dreht sich wieder zur Wand mit den Notizzetteln.
MANCHMAL HABE ICH ANGST VOR MEINER EIGENEN WUT . . .

Plötzlich merkt er, dass Marie hinter ihm steht. Sie legt ihm die Hände auf die Schultern.
Sie sagt nichts, steht nur so da, und er spürt, wie die Wärme ihrer Hände bis zu seiner Haut durchdringt. Obwohl er immer noch die Lederjacke anhat.
»Wir müssen uns selber helfen«, sagt Marie leise. »Das ist die einzige Chance, die wir haben. Wir können nicht immer nur wegsehen, abhauen, uns aufregen, irgendwelchen Scheiß bauen. Wir müssen was machen, sonst ändert sich das nie.«
Was?, will Marx fragen, was ändert sich sonst nie? Was müssen wir machen?
Aber dann greift er nur in seine Tasche und zieht die Schreibkladde raus.
»Hier, ich hab versucht, es aufzuschreiben. Bin aber noch nicht ganz fertig, der Schluss fehlt noch. Wenn du willst, kannst du es lesen . . . ist aber eine Sauklaue!«
Er hält ihr das Heft hin.
Sie schüttelt den Kopf.
»Schreib erst den Schluss«, sagt sie. »Dann lese ich es gerne . . .«
Marx weiß nicht, ob er jetzt sauer sein soll. Krawinski oder irgendeinem anderen von den Kumpels hätte er das Heft nie zum Lesen gegeben. Aber wenn Marie es lesen würde, wäre es okay. Hatte er gedacht. Aber war ja wohl nichts. Sie will gar nicht. Es interessiert sie überhaupt nicht. Mann, wie blöd ist er eigentlich?! Wie verdammt blöd, dass er glaubt, nur weil sie irgendwie anders zu sein scheint, könnte er ihr gleich . . . vertrauen oder irgend so einen Scheiß.

»Ich gehe dann mal besser jetzt«, sagt Marx und fummelt das Heft zurück in die Jackentasche.
Aber Marie hält seine Hand fest.
»Du bist echt noch blöder, als ich dachte ... Du kannst nicht immer nur gehen. Wo willst du denn überhaupt hin? Zu deinen Kumpels? Einen trinken, weil alles so scheiße ist, oder was?«
Sie fasst den Kragen seiner Lederjacke.
»Zieh endlich die verdammte Jacke aus ...«
»Au!«, macht Marx, als sie die Jacke über seinen Rücken streift, da, wo der Russe ihn gegen das Geländer gedrückt hat.
Aber er wehrt sich nicht. Lässt es wie willenlos mit sich geschehen, als Marie ihm jetzt auch noch die Schnürsenkel seiner Turnschuhe aufzieht.
»Und jetzt die Hose«, fordert sie ihn auf, »ich gucke auch nicht hin ...«
Sie dreht sich um. Nimmt eine Wolldecke von irgendeinem Stuhl und wirft sie ihm zu.
Marx streift sich die Schuhe von den Füßen. Pellt sich aus der Jeans und rollt sie zu einem Bündel zusammen. Wickelt sich in die Decke und schiebt Schuhe und Jeans in irgendeine Ecke. Alles, ohne sich umzudrehen und nach Marie zu gucken. Und als er sich dann umdreht, liegt sie unter der Bettdecke und klopft auf das Laken neben sich.
»Und der Chinese?«, rutscht es Marx raus.
»Du kannst bei mir schlafen, nicht mit mir«, sagt Marie, »aber selbst wenn: Was für ein Chinese? Siehst du hier irgendwo einen Chinesen?«

Sie kichert.
»Nun komm schon . . .«
»Und deine Eltern?«, fragt Marx noch und blickt zur Tür, als könnte gleich Maries Vater reinkommen. Mit einem Baseballschläger in der Hand, um Marx ohne Hose und Schuhe aus der Wohnung zu prügeln. Oder so.
»Mein Vater hat gesagt, ich soll rufen, wenn es Probleme gibt. Gibt es Probleme?«
Marie rückt ganz an die Wand und knipst das Licht aus. Marx legt sich neben sie. Mit dem Rücken zu ihr. Durch das Fenster fällt der Lichtschein einer Straßenlaterne.
»Wegen neulich noch mal«, sagt Marie so leise, dass Marx sie kaum versteht. »Also das ist mir schon peinlich . . .«
»Ist schon okay«, sagt Marx.
»But nobody is perfect«, sagt Marie. Und kichert plötzlich wieder los. »Du übrigens auch nicht. Du stinkst irgendwie. Nach Roussillon und Languedoc und . . .«
». . . Bordeaux!«, kichert Marx.
»Gute Nacht«, sagt Marie.
»Gute Nacht.«
Eine Weile liegt Marx noch einfach nur so da und hört auf Maries Atemzüge.
Irgendjemand geht noch mal aufs Klo. Maries Mutter oder ihr Vater. Marx hört die Wasserspülung rauschen. In der Wohnung über ihnen weint ein Kind.
Dann ist es wieder still.
Ein Auto fährt auf der Straße vorüber. Die Scheinwerfer huschen über die Wand mit Maries Zetteln.
Marie dreht sich im Schlaf um und boxt Marx in den Rücken.

Er spürt jeden einzelnen blauen Fleck. Aber es ist nicht schlimm.
Ganz vorsichtig lässt er sich aus dem Bett rollen. Lauscht einen Moment, ob Marie etwas gemerkt hat. Tapst mit bloßen Füßen zu ihrem Schreibtisch und hängt ein Tuch über die Lampe, um den Lichtschein abzuschirmen.
Marx schlägt sein Schreibheft auf . . .

Ich weiß noch genau, wie wir nachts wieder hoch zum Parkplatz sind. Hendrik immer vor mir her, mit dem viel zu kurzen T-Shirt, in dem er echt albern aussah, und Arm in Arm mit der Frau. Und er hat immer noch über den Witz gelacht und immer wieder den Finger ausgestreckt, als hätte er eine Pistole. Und dann zwei Finger hochgehalten: »Bis du das geschafft hast, habe ich dich aber schon zweimal erschossen!«
Bei dem Spiel dann war er fast noch besser als in der Nacht davor. Ich glaube, ich habe noch nie jemand so viele Biere exen sehen. Und er wurde überhaupt nicht betrunken! Jedenfalls nicht, dass wir irgendwas gemerkt hätten, er hat noch ein paar Mal den Indianerwitz erzählt, war ja klar, so wie er darauf abgefahren war. Und später hat er ewig mit der Frau rumgeknutscht, weshalb wir auch nicht weiter drüber nachgedacht haben, als sie plötzlich beide verschwunden waren.
Aber plötzlich war die Frau wieder da und hat Hendrik gesucht, aber das muss schon mindestens eine Stunde später gewesen sein, nachdem sie sich verdrückt hatten, und dann hat sie erzählt, dass sie beim Zelt waren, und dann hätte

Hendrik unbedingt ans Meer gewollt, und sie ist nur noch mal schnell zum Klo, aber als sie zurückkam, war er schon weg. Also ist sie durch die Dünen und bis zum Strand vor, aber hat ihn nicht gefunden.
Wir sind dann auch los, aber es war so scheißdunkel, und wir waren ja auch alle ziemlich breit, aber wir haben gerufen und alles, und irgendwann hat der Chinese gemeint: »Keine Panik, Leute, wahrscheinlich hat er irgendeine andere Tussi getroffen.« Woraufhin die Frau total angefangen hat zu heulen, aber ich glaube nicht, weil sie eifersüchtig war, sondern weil sie echt Schiss hatte wegen Hendrik. Und breit war sie natürlich auch. Ich bin dann mit ihr noch über den Campingplatz, und wo wir noch Stimmen gehört haben, haben wir gefragt, aber keiner wusste was. Und dann wurde es schon langsam hell. Und ich bin noch mal zum Strand, und da habe ich ihn dann auch gefunden. Da, wo der Wald bis an die Dünen geht und wo er nachmittags mit mir den Weg runtergelaufen war und immer gesagt hatte »Beweg dich, Alter, du musst dich bewegen, damit dein Kreislauf nicht wegsackt«. Da lag er. Und wir müssen in der Nacht zigmal an ihm vorbeigelaufen sein. Er hatte noch eine Flasche neben sich von dem Billigwein aus dem Supermarkt, aber die hatte er noch nicht mal mehr aufgemacht. Er lag einfach nur da auf dem Rücken und war an seiner eigenen Kotze erstickt.

WUT 13

Das Gute an meiner Wut ist,
dass sie immer noch da ist,
auch wenn ich vielleicht irgendwann nichts anderes mehr habe.
Aber solange du noch wütend werden kannst,
weißt du, dass du lebst.

13.

Krawinski hat Geburtstag. Er feiert. Er hat sich richtig Mühe gegeben und den ganzen Keller dekoriert . . .
Mit Luftballons und einer Lichterkette, bei der zwar die Hälfte der Lampen nicht funktioniert, aber es sieht trotzdem gut aus. Und Krawinski hat allen Leuten im Haus Bescheid gesagt, dass es ein bisschen lauter werden kann.
Es ist laut. Krawinski muss brüllen, als er Marx fragt, was aus der Sache mit dem Weinkeller von seinem Alten geworden ist.
»War gar nicht so schlimm«, brüllt Marx zurück, »ich glaube, sie waren eher froh, dass ich überhaupt noch mal wieder nach Hause gekommen bin. Vielleicht haben sie ja was kapiert! Aber glaube ich eigentlich nicht . . . Und bezahlen muss ich den ganzen Scheiß auch, wenn ich erst mal Geld verdiene!«
»Fuck!«, brüllt Krawinski, »dann werd am besten gleich arbeitslos! Aber ich glaube nicht, dass ich bei meinen Alten so davongekommen wäre . . . aber die haben ja auch keinen Weinkeller!«
Krawinski grinst. Vorhin hat er noch erzählt, dass er trocken bleiben will. Jedenfalls bis Mitternacht. Um mal zu sehen, ob das geht, hat er gesagt. Aber jetzt hat er doch eine Kanne in der Hand.
Marx hat ihm eine CD geschenkt. Die Nixer. House of the Ri-

sing Sun. Uralter Song. Aber kommt rüber wie gestern erst eingespielt. Volles Brett auf der Leitung. Und Krawinski steht auf so was. Von Marie hat Krawinski eine Postkarte gekriegt: I like the Pope. The Pope smokes Dope. Und ein Foto vom Papst, das tatsächlich so aussieht, als würde der Papst gerade kiffen. Natürlich eine Fotomontage, aber trotzdem gut.
»Geil«, hat Krawinski auch gesagt, nachdem er erst mal den englischen Text kapiert hat.
Von Alex hat Krawinski eine Flasche Wodka geschenkt bekommen. Die Alex gerade selber trinkt. Abwechselnd mit einem Sixpack Tequila-Bier.
»Zur Erfrischung«, wie er Marx glücklich entgegenlallt.
Den Chinesen hat Krawinski nicht eingeladen. Aber dafür ein paar andere Leute, die Marx noch nie gesehen hat. Keine Ahnung, woher Krawinksi die kennt, die meisten sind auch jünger. So wie Krawinski wahrscheinlich.
Aber sie sind alle am Saufen. Krawinski hat drei Kästen im Kellergang aufgebaut. Halbe Liter!
Marx guckt in den Fahrradkeller, der zum Tanzen ausgeräumt ist. Marie ist die Einzige, die tanzt. Drei oder vier Leute lehnen an der Wand und gucken ihr zu.
Krawinskis kleiner Bruder bewacht den CD-Player. Und nimmt Wünsche entgegen, wer was hören will. Scheint sich aber dann nicht dran zu halten. Jedenfalls wird er gerade von irgendeinem Typen beschimpft. Was ihm offensichtlich völlig egal ist. Marx hört, wie er gerade brüllt: »Ist meine Anlage, kann ich hören, was ich will!«
Im Moment laufen die Toten Hosen. Leg deinen Kopf an meine Schulter, es ist schön, ihn da zu spüren ...

Krawinski kommt rein.
». . . wir schießen zwei, drei, vier, fünf Bullen um«, singt er mit und dreht sich mit der Flasche in der Hand über die Tanzfläche.
Marx geht zu Marie rüber. Es dauert einen Moment, bis er sie zu fassen kriegt. Sie scheint völlig weg zu sein von der Musik. Als Marx ihr die Haare zurückstreicht und ins Ohr brüllt: »Willst du was zu trinken?«, schüttelt sie nur den Kopf und lacht.
Und ruft irgendwas.
»Was?«, macht Marx und hält sich die Hand hinters Ohr.
»Tanzen!«, lacht Marie und zieht ihn an sich. Legt ihren Kopf an seine Schulter und schiebt eine Hand unter seine Lederjacke.
Krawinski boxt Marx in die Seite und hebt den Daumen hoch.
Marx ist es egal. Es ist schön, mit Marie zu tanzen.
Irgendwann bewegen sie sich kaum noch. Stehen nur so da und halten sich fest. Ganz eng.
»Willst du jetzt was trinken?«, flüstert Marx Marie ins Ohr.
Sie guckt hoch. Ihr Gesicht ist so dicht vor ihm, dass er nur ihre Augen sieht. Aber er weiß, was Marie sagt, als sie ganz leicht mit ihrer Hand über die Beule in seiner Hose streicht.
»Du bist blöd«, sagt sie. »Saublöd.«
Marx grinst und zieht ihren Kopf wieder an seine Brust.
Und dann kommt Krawinski in den Raum gestolpert und ruft irgendwas. Packt Marx am Arm und zerrt ihn hinter sich her und durch den Gang die Treppe hoch. Wo Alex zusammengekrümmt neben der Haustür hockt und kotzt.

»Fuck«, sagt Krawinski, »der ist voll fertig. In die Hose gepisst hat er sich auch schon … Mann, wenn meine Alten den hier sehen, sind wir am Arsch. Oder wenn einer aus dem Haus kommt …«
»Ist okay«, sagt Marx. »Ich bringe ihn nach Hause. Weißt du, wo er seine Jacke hat?«
»Ich komme mit«, sagt Marie, die plötzlich neben ihm steht.
»Ist aber nicht besonders schön«, sagt Marx und zeigt auf Alex, der schon wieder kotzt.
»Ich weiß«, sagt Marie. »Und außerdem stinkt er. Bäh!«
»Und zwar nicht nach Bordeaux«, meint Marx.
»Definitiv nicht«, sagt Marie und lächelt Marx zu. Spöttisch irgendwie. Marx kann nicht anders, er beugt sich vor und gibt ihr schnell einen Kuss.
Krawinski kommt mit Alex' Jacke. Aber sie schaffen es kaum, Alex aufzurichten. Und als er endlich an der Wand lehnt, knicken ihm die Beine ein und er rutscht wieder nach unten.
»Fuck«, sagt Krawinski und zieht seinen Schuh aus der Kotzlache neben dem Abtreter. »Oh Mann, ich hab aber echt die Fresse voll, du …«
Alex starrt sie nur mit glasigen Augen an. Sein Kopf pendelt hin und her.
Sie schaffen es irgendwie, seinen linken Arm in die Jacke zu kriegen, dann würgt er wieder. Aber es kommt nichts mehr. Nur Schaum.
»Los geht's«, sagt Marx.
Sie wuchten Alex hoch. Marx legt sich seinen rechten Arm über die Schulter und greift ihn um die Hüfte. Marie packt ihn links. Die Jacke schleift hinter ihnen her.

»Egal«, sagt Marx, »Hauptsache, wir kriegen ihn erst mal hier weg . . .«
»Danke, Alter.« Krawinski hält ihm die Haustür auf. »Könnt ja nachher noch mal wiederkommen!«
»Viel Spaß beim Kotzewegwischen«, keucht Marie, während sie Alex auf den Fußweg schleppen.
»Jetzt komm schon«, sagt Marx und zerrt Alex weiter, »versuch wenigstens, die Beine zu bewegen. Du musst laufen, Alter, kapierst du, laufen!«
Er schreit fast.
Aber Alex lallt nur irgendwas vor sich hin. Und macht keinerlei Anstrengungen, ihnen zu helfen.
Sie kommen bis zur nächsten Ecke, dann keucht Marie: »Ich kann nicht mehr . . .«
Alex rutscht zwischen ihnen auf die Knie und würgt wieder.
»Er muss ins Krankenhaus«, sagt Marx. »Wir schaffen das nicht. Der hat eine Alkoholvergiftung, verdammt . . .«
Marx merkt, wie seine Zähne aufeinanderschlagen. Er hat Angst.
»Wir halten irgendein Auto an«, schlägt Marie vor.
Marie stellt sich an den Bordstein. Aber der nächste Wagen, der kommt, fährt einfach weiter.
»Hast du dein Handy dabei?«, fragt Marx.
Marie nickt.
»Dann los! 112, mach schnell!«
Marx kniet sich hinter Alex und hält ihm den Kopf. Er hört, wie Marie durchgibt, wo sie sind. Er zieht Alex zu einem Stromkasten, um ihn mit dem Rücken dagegenzulehnen. Hockt sich vor ihn und schüttelt ihn.

»Komm schon, Alter, es kommt gleich wer . . . wird alles gut . . .«

Stammelt irgendwelches Zeug. Klatscht Alex mit der flachen Hand ins Gesicht. Immer wieder. Aber Alex flackert noch nicht mal mehr mit den Augenlidern.

»Wenn er wieder kotzt, müssen wir ihn so drehen, dass . . .«

»Ich weiß«, sagt Marie.

Dann ist endlich der Rettungswagen da.

WUT 14

Ich bin wütend.
Ich bin wütend auf Gott,
den es nicht gibt,
und auf seinen verkommenen Sohn,
der sich nicht mehr blicken lässt,
auf meine Mutter,
die heimlich trinkt,
auf meinen Vater,
der vorm Fernseher schläft,
auf meinen Bruder,
der nie da ist,
und auf meine Schwester,
die ich nicht habe.

Ich bin wütend
auf den Nachbarn,
der mir heimlich hinterherguckt,
auf den Typen,
der mir hinterherpfeift,
auf den Typen,
der seinen Hund nicht zurückpfeift,
auf den Typen,
der mir einen Vogel zeigt,
auf den Typen,
der in der U-Bahn seinen Pimmel zeigt,

auf den Typen,
der am Zaun steht und kotzt,
auf den Typen,
der blöd rummotzt,
auf das Arschloch,
das mir mein Fahrrad geklaut hat
(hoffentlich kommt er
unter den nächsten LKW damit!),
ich habe so eine verdammte Wut
auf alles und jeden,
auf die Spießer in ihren dicken Autos,
auf die Specknacken und Fettbäuche,
die Generäle,
die Skins,
die Kriegstreiber,
die Langweiler
und Papiertiger,
die Leute, die immer nur sinnlos schreien,
die Leute, die wie Papageien
vor sich hin plappern . . .
Ihr fragt, was mich wütend macht?
Ihr! Ihr seid es, die mich wütend machen.
Weil ihr nicht begreifen wollt,
dass es Leute wie ich sind,
die ihr braucht,
wenn diese Welt
noch irgendwie gerettet werden soll!

13 ½

Am nächsten Tag. Im Krankenhaus. Alex schläft. Er ist kreidebleich, und unter seinen Augen sind tiefe schwarze Schatten . . .

Aber er lebt! Gerade haben Alex und Marie mit dem Arzt gesprochen: »Lebensbedrohliche Alkoholwerte. Zum Glück kein Erbrochenes in der Lunge. Ich muss Ihnen wohl nicht sagen, was das bedeutet hätte. Das Gehirn wäre eventuell für einen Zeitraum ohne Sauerstoffzufuhr gewesen. Aber es scheint so, als hätten wir noch mal Glück. Als hätte er Glück gehabt, mehr Glück als Verstand jedenfalls. Mehr kann ich Ihnen dazu im Moment nicht sagen.«

Alex' Eltern waren auch da. Sind noch in der Nacht gekommen, nachdem Marx Alex' Namen und Adresse angegeben hatte. Und während sie Alex gerade den Magen ausgepumpt haben.

Marx und Marie sind dann nach Hause. Jeder zu sich. Und heute Morgen haben sie ein paar Worte mit Alex' Eltern gewechselt. Aber Alex' Mutter hat die meiste Zeit nur geheult.

Marx und Marie haben gesagt, dass sie bleiben wollen, bis Alex wach wird.

Der Arzt hat genickt.

Alex liegt alleine in einem Zweibettzimmer. Die Jalousien sind zugezogen. Es riecht ganz leicht nach irgendwelchen Desinfektionsmitteln. Nach Krankenhaus.

Neben Alex steht das Gestell mit dem Tropf. Alle zehn Sekunden ein Tropfen. Die Flasche reicht für sechs Stunden, hat Marie Marx gerade erklärt. Ihre Mutter ist Krankenschwester. Deshalb weiß Marie solche Sachen.
Marx lässt sich auf das leere Bett fallen. Er ist todmüde. Hat Mühe, überhaupt die Augen offen zu halten.
»Wie oft kommt so eine Schwester eigentlich, um nachzugucken?«, flüstert er zu Marie.
»Ich weiß nicht, jede Stunde . . .?«
Marie setzt sich auf die Bettkante und greift nach seiner Hand. »Übrigens, die Indianer damals, weißt du noch? Als du auf die Brücke geklettert bist . . .«
»Bescheuert«, sagt Marx. »Ich weiß . . .«
»Das war nicht am Hudson in New York«, flüstert Marie. »Ich hab nachgeguckt. Das war die Prince-Edward-Brücke in Toronto in Kanada! Nur wie der Fluss hieß, habe ich schon wieder vergessen . . .«
»Echt?«, fragt Marx, »nicht New York?«
»Echt«, sagt Marie, »du hast nämlich keine Ahnung.«
Sie schiebt sich neben ihn, bis ihr Kopf in seiner Armbeuge liegt.
Marx pustet eine Haarsträhne zur Seite, die ihn im Gesicht kitzelt.
»Manchmal kommt die Schwester auch nur alle zwei Stunden«, flüstert Marie.
»Das ist gut«, sagt Marx und legt den freien Arm um Marie, »eine Stunde für dich und eine für mich . . .!«

ENDE.

Alk – Von cool bis komatös

Informationen und Tipps zum Umgang mit Alkohol
von Dr. Almut Lippert

Was ist eigentlich Alkohol?

Das Wort »Alkohol« stammt aus dem Arabischen und bedeutet so viel wie »das Feinste«. Alkohol entsteht durch Gärung von Zucker. Wenn wir von Alkohol sprechen, meinen wir genau gesagt den Äthylalkohol bzw. das Ethanol (für Chemiebegeisterte: Die Formel lautet C_2H_5OH).

Von Natur aus hat der Körper eine Abneigung gegen Alkohol. Gibt man z. B. Babys Alkohol, so reagieren sie mit Ekel und spucken ihn angewidert wieder aus. Diese Reaktion ist sinnvoll, da Alkohol letztlich ein Gift für den Körper ist. Wir müssen also im Laufe unseres Lebens erst lernen, Alkohol zu »mögen«.

Was passiert mit dem Alkohol im Körper?

Wenn wir Alkohol trinken, gelangt er zunächst über die Speiseröhre in den Magen. Dort werden bereits etwa 10 % des Alkohols in den Blutkreislauf aufgenommen. Der Rest gelangt über den Dünndarm ins Blut. Schon nach zehn bis 15 Minuten hat der Körper etwa 50 % des Alkohols aufgenommen, nach etwa einer Stunde ist die Aufnahme abgeschlossen. Allerdings hängt die Geschwindigkeit davon ab, was und wann wir etwas gegessen und getrunken haben. Auf nüchternen Magen wird Alkohol schneller aufgenommen als zusammen mit einer reichhaltigen Mahlzeit. Besonders zügig wird Alkohol in süßen, warmen und kohlensäurehaltigen Getränken »verstoffwechselt«. Trinkst du also Sekt, Cocktails oder die oft sehr zuckerreichen Alkopops, wirst du tatsächlich schneller angetrunken sein als nach einer entsprechenden Menge kalten Weißweins.

Die Konzentration des Alkohols im Blut wird in »Promille« (‰) ausgedrückt. Ein Promille bedeutet, dass wir 1 ml reinen Alkohol in einem Liter Blut haben.

Abgebaut wird Alkohol größtenteils in der Leber. Pro Stunde kann hier etwa 0,15 ‰ abgebaut werden. Grob geschätzt entspricht das etwa 7 g Alkohol im Getränk. Dieser Prozess kann nicht durch irgendwelche Tricks beschleunigt werden, obwohl dies oft behauptet wird (z. B. durch Trinken von viel Wasser, Kaffee oder Bewegung). Auch das Erbrechen nützt meist nichts (mehr), da der Körper den Alkohol, wie schon gesagt, sehr zügig aufnimmt.
Wenn du etwas trinkst, solltest du also berücksichtigen, dass es meist mehrere Stunden dauern wird, bis du wieder nüchtern bist. Hast du z. B. auf einer Party viel und auch spät getrunken, kann es sein, dass du selbst am nächsten Morgen noch Restalkohol im Blut hast.

Nüchterne Berechnungen . . .
Wenn du genau wissen willst, wie viel Alkohol du im Blut hast, kannst du folgende Formel benutzen:

$$\text{Blutalkoholgehalt} = \frac{\text{Alkoholmenge im Getränk (Gramm)}}{\text{Körpergewicht (Kilogramm)} \cdot \text{r}}$$

»r« ist ein Verteilungsfaktor und beträgt 0,6 für Frauen und 0,7 für Männer. Dieser Faktor ist für Männer und Frauen unterschiedlich, da sich der Alkohol im Körper unterschiedlich verteilt (u. a. da Männer mehr sogenanntes »Körperwasser« haben als Frauen).
Der Alkoholgehalt im Blut hängt also nicht nur davon ab, wie viel du trinkst, sondern auch welches Gewicht du hast und zu welchem Geschlecht du gehörst. Trinken Männer und Frauen die gleiche Menge Alkohol, kann man davon ausgehen, dass die Frauen anschließend mehr Promille im Blut haben werden. Dies ist wiederum z. B. für die Fahrtüchtigkeit wichtig.

Wenn du weißt, wie viele Promille du intus hast, kannst du auch bestimmen, wie lange es braucht, um wieder nüchtern zu sein. Wie schon beschrieben kann deine Leber etwa 0,15 ‰ pro Stunde abbauen.

Alkoholgehalt von Getränken
Um den Blutalkoholgehalt zu bestimmen, musst du wissen, welche Mengen Alkohol in verschiedenen Getränken enthalten sind. Experten sprechen dabei oft von sogenannten Trinkeinheiten oder Standardgläsern. Eine Trinkeinheit beinhaltet ungefähr 10 g reinen Alkohols. Diese Menge entspricht etwa:
0,25 l Bier,
0,1 l Wein,
0,1 l Sekt,
0,02 l Schnaps (also ein normales Schnapsglas).

Schwierig wird die Berechnung bei Cocktails oder Mixgetränken, da du meist nicht weißt, welche Mengen einzelner Zutaten darin enthalten sind. Insgesamt sind sie aber oft recht alkoholreich, obwohl man den Alkohol darin häufig nicht herausschmeckt. Zudem sind sie oft süß und machen daher noch schneller betrunken.

Locker, cool und gut drauf? – Wirkungen von Alkohol

Etwas vereinfacht kann man sagen, dass Alkohol in geringeren Mengen eher enthemmt und die Stimmung hebt, in höherer Dosis eher beruhigt und betäubt.

Im Folgenden sind typische Wirkungen abhängig von den erreichten Promille aufgeführt:

0,1–1,0 ‰:

Du erlebst eine gehobene Stimmung, fühlst dich gut. Atmung und Puls sind beschleunigt. Du spürst den harntreibenden Effekt des Alkohols und musst öfter aufs Klo. Deine Gefäße sind erweitert, dir wird warm. In diesem Stadium fallen einige deiner Hemmungen weg. Es kann sein, dass es dir leichter fällt, mit anderen in Kontakt zu kommen oder sie anzusprechen. Der Alkohol »löst die Zunge« und macht dich redseliger. Deine Fähigkeit, dich selbst zu kontrollieren, nimmt allerdings schon ab.

Bereits ab 0,3 ‰ reduziert sich deine Fähigkeit, Entfernungen richtig einzuschätzen. Das Unfallrisiko im Straßenverkehr ist damit schon jetzt auf das Fünffache erhöht. Ab 0,5 ‰ ist deine Reaktionsgeschwindigkeit deutlich herabgesetzt, bei 0,8 ‰ brauchst du zum Reagieren doppelt so viel Zeit, als wenn du nüchtern bist. Wahrscheinlich nimmst du das aber nicht wahr, da gleichzeitig die Risikobereitschaft steigt, das heißt, man neigt auch deutlich zur Selbstüberschätzung! Viele haben also gerade dann das Gefühl, dass sie alles im Griff haben und super reagieren könnten. Tatsächlich entsprechen deine Reaktionszeiten eher der einer lahmen Schnecke ...

1,0–2,0 ‰:

In diesem Stadium bist du ziemlich enthemmt. Zum einen findest du viele Sachen einfach superwitzig, zum anderen kann die gute Stimmung aber sehr schnell in Gereiztheit oder Aggressionen kippen. So kommt es vermehrt zu Schlägereien und zur »Randale«. 86 % aller Jugendlichen, die mit Aggressionen auffällig geworden sind, hatten zu viel Alkohol getrunken! Weiterhin zeigen sich jetzt schon Gleichgewichtsstörungen. Die Sehfähigkeit lässt nach, du bist kaum noch kritikfähig. Die Orientierung fällt schwer, deine Sprache wird verwaschener. Du kannst nur noch sehr langsam reagieren.

2,0–3,0 ‰:

Mit dieser Menge Alkohol im Blut bekommst du kaum noch etwas mit. Deine Muskeln erschlaffen, du hast Gedächtnis- und Bewusstseinstörungen. Oft wirst du bei solchen Mengen »Filmrisse« haben und dich am nächsten Morgen nur noch teilweise erinnern können, was du alles getan hast. Du hast starke Gleichgewichtsstörungen, dein Gang wird torkelnd, du bist oft verwirrt und musst erbrechen.

ab 3,0 ‰ :

Bei diesen Mengen kommt es oft zu Bewusstlosigkeit, deine Reflexe fallen aus, deine Atmung ist nur noch schwach. Die Gefahr zu unterkühlen, ist jetzt besonders groß! Wenn du z. B. auf dem Weg nach Hause stürzt und nicht mehr hochkommst, bewirkt die Weitstellung deiner Gefäße, dass du schneller auskühlst. In einer kalten Nacht kann das zum Erfrieren führen.

ab 4,0 ‰ :

Dies ist ein lebensbedrohliches Stadium. Es treten Lähmungen und Koma auf. Menschen koten sich ein. Man hat kaum noch Reflexe. Viele sterben an Atemstillstand oder ersticken an ihrem Erbrochenen.

Wichtig zu wissen ist, dass sich viele Effekte des Alkohols verstärken, wenn du ihn zusammen mit weiteren Drogen oder Medikamenten konsumierst. Häufig treten dann viele der Nebenwirkungen schneller oder stärker auf. Das Risiko einer Vergiftung steigt deutlich an. Nicht selten kommt dann jede Hilfe zu spät. Selbst den Magen auszupumpen, bringt oft nichts mehr, da der Alkohol ja, wie bereits gesagt, sehr schnell ins Blut aufgenommen wird. Traurige Beispiele für die tödliche Mischung aus Alk und Drogen finden sich auch und gerade bei Stars: So starben z. B. Jimi Hendrix, Janis Joplin, Jim Morrison oder Robert Pilatus von Milli Vanilli an der Akutwirkung solcher »Mischungen«.

Dickmacher Alkohol?

Alkohol ist ein echter Dickmacher! Ein Gramm Alkohol enthält sieben Kilokalorien (kcal)! Das kann nur noch durch reines Fett mit 9 kcal/g getoppt werden! Alkohol hat damit einen fast doppelt so hohen Nährwert wie reiner Zucker. Ein halber Liter Bier hat etwa 240 kcal, ein Viertel Wein etwa 200 kcal. Gemessen an deinem Tagesbedarf an Kilokalorien sind das immerhin etwa 10 % der Gesamtmenge. Dabei scheint insbesondere das Bier auch eine Gewichtszunahme zu begünstigen, was an hormonähnlichen Stoffen im Bier liegt.

Tote Hose? – Alkohol und Sex

Viele Menschen glauben, dass sie unter Alkoholeinfluss besseren Sex erleben könnten. Auch in der Traumfabrik Hollywood wird häufig vor »wildem« Sex erst mal ordentlich getrunken.

Richtig ist sicherlich, dass Alkohol in geringen Mengen enthemmend wirkt und du z. B. deine Ängste reduzierst und dich also mehr traust als in nüchternem Zustand. Auch stimmt es, dass Alkohol in Maßen einen positiven Effekt auf das sexuelle Verlangen hat und somit luststeigernd wirkt. Das Problem ist aber, dass gleichzeitig deine Fähigkeit, diese Lust auch praktisch umsetzen zu können, mit dem Alkoholgenuss schnell sinkt. Schon in geringen Dosierungen treten vermehrt Probleme beim Samenerguss auf. Bei höheren Dosierungen kommen noch Erektionsstörungen hinzu. Auch werden Orgasmen weniger intensiv erlebt.

Übrigens haben Männer, die langfristig zu viel Alkohol trinken, oft dauerhafte Potenzprobleme. Das liegt u. a. daran, dass durch den Alkohol die Produktion des männlichen Geschlechtshormons Testosteron eingeschränkt wird. Diese Folgen bleiben manchmal selbst dann bestehen, wenn die Betreffenden aufhören zu trinken und abstinent leben. Dann ist da nur noch tote Hose ...

Alkohol im Straßenverkehr

Wie bereits unter den Wirkungen beschrieben, wird durch Alkohol deine Aufmerksamkeits- und Reaktionsfähigkeit deutlich herbgesetzt. Viele wichtige Sinnesfunktionen sind ebenfalls betroffen. So nimmt u. a. deine Fähigkeit ab, sich auf unterschiedliche Lichtverhältnisse einzustellen. Weiterhin verengt sich das Blickfeld, bei 0,8 ‰ ist es schon um 25 % eingeschränkt (man nennt das zu Recht auch Tunnelblick). Während das bei Routineaufgaben vielleicht gerade noch durch »Routine« auszugleichen ist, gerät die Situation schnell außer Kontrolle, wenn Ungewöhnliches passiert.

Die Verkehrsstatistiken belegen das mit einer traurigen Bilanz: Jeder sechste Verkehrstote stirbt bei einem »Alkoholunfall«.

Aufgrund des hohen Risikos hat inzwischen der Gesetzgeber auch die zulässige Promillegrenze von 0,8 auf 0,5 gesenkt. Wenn du mit mehr Alkohol im Blut ein Fahrzeug führst, machst du dich strafbar. Was viele nicht wissen, ist, dass es dabei völlig egal ist, ob du Auto, Mofa, Roller, Motorrad oder Fahrrad fährst. Die Regelung der Promillegrenze gilt für das Fahren verschiedenster »Untersätze«. Wenn du dann einen Unfall baust, ist es zudem egal, ob du der Verur-

sacher warst oder nicht. Allein auf Grund des Alkoholpegels bekommst du eine Mitschuld.
Aber abgesehen von den rein rechtlichen Aspekten solltest du bedenken, dass du mit zu viel Alkohol nicht nur dich, sondern auch andere gefährdest. Damit leben zu müssen, aus einer besoffenen Laune heraus gefahren zu sein und einen Unfall gebaut zu haben, bei dem jemand zu Schaden gekommen ist, ist für viele nur schwer auszuhalten . . .

Berauschende Fakten?

Alkohol zu trinken, ist in unserer Gesellschaft normal. Die meisten Erwachsenen trinken mehr oder minder regelmäßig alkoholische Getränke. Lediglich ca. 10 % verzichten aus Überzeugung ganz auf den Alkoholkonsum. Ein Glas Wein zum Essen oder ein Bier am Feierabend scheint dabei ganz harmlos. Welche Mengen über ein Jahr hinweg dabei zusammenkommen, ist allerdings beeindruckend.
Statistiken zeigen, dass im Jahr 2002 jeder Einwohner allein in Deutschland durchschnittlich 10,4 Liter reinen Alkohol zu sich nahm. Aufgeteilt für einzelne Getränke heißt das, dass z. B. jeder deutsche Bundesbürger im Durchschnitt folgende Mengen verbrauchte:
121,5 l Bier,
20,3 l Wein,
3,9 l Schaumwein
5,9 l Spirituosen.

Die Folgen dieses Alkoholkonsums sind allerdings ernüchternd: Jährlich sterben beispielsweise in Deutschland etwa

42 000 Menschen direkt oder indirekt an den Folgen von Alkoholkonsum (z. B. durch Unfälle). Jeder vierte Todesfall bei Männern zwischen 35 und 65 Jahren ist alkoholbedingt. Bei Frauen ist die Quote etwa halb so hoch.

Weiterhin hängen Alkohol und Kriminalität eng zusammen. Viele Gewaltdelikte geschehen nach Alkoholkonsum. So nimmt man z. B. an, dass etwa jeder zweite Mord unter Alkoholeinfluss verübt wird. Auch Vergewaltigungen und Kindesmisshandlungen entstehen oft unter der enthemmenden Wirkung von Alkohol.

»Kindergartengesöff« Alcopops? – Jugendliche und Alkohol

Oftmals liest man, dass Cannabis die Einstiegsdroge schlechthin wäre und Jugendliche auf die schiefe Bahn bringen würde. Diese Argumentation wird meist dann verwendet, wenn es um das Verbot dieser Droge geht. Dabei wird völlig übersehen, dass die »Einstiegsdrogen« die ganz legalen Drogen Alkohol und Tabak sind. Bevor die meisten Jugendlichen in Kontakt mit illegalen Drogen kommen, hatten sie in der Regel schon Erfahrungen mit den legal verfügbaren. Mit 14 bis 15 Jahren beginnen die meisten, Alkohol auszuprobieren. 40 % der Jugendlichen bis 14 Jahren berichten auf Nachfragen, dass sie schon mal betrunken waren. Insgesamt scheint es in den letzten Jahren auch bei Jugendlichen einen Trend zu Trinkexzessen zu geben, während derer große Mengen Alkohol bis zur Besinnungslosigkeit konsumiert werden.

Welche Getränke sind derzeit angesagt? 48 % der Jugendlichen zwischen 14 und 17 Jahren trinken mindestens einmal im Monat Alcopops, 38 % Bier, 24 % Wein oder Sekt und 22 % Spirituosen. Damit sind die Alcopops die derzeit beliebtesten Getränke. Unter diesen Begriff fallen Mixgetränke, die entweder Bier, Wein oder auch Spirituosen enthalten. Sie sind oft sehr zuckerreich und kohlensäurehaltig, sodass man von ihnen schnell betrunken wird. Eine Umfrage aus dem Jahr 2003 hat ergeben, dass etwa 80% der Jugendlichen Alcopops (vorwiegend über Werbung) kennen.

Genuss ohne Reue? – Wie viel Alkohol darf ich trinken?

Die Weltgesundheitsorganisation rät, dass erwachsene Männer nicht mehr als 30 bis 40 Gramm reinen Alkohol pro Tag zu sich nehmen sollten, Frauen sogar nur 20 Gramm. Dazu kommt, dass man an ein bis zwei Tagen pro Woche ganz auf Alkohol verzichten sollte.

Kinder unter zwölf Jahren sollten überhaupt keinen Alkohol bekommen, da das Gehirn noch nicht ausgereift ist und durch Alkohol schnell dauerhaft geschädigt werden kann. Weiterhin reichen bei Kindern schon geringe Mengen, um Bewusstlosigkeit oder schwere Vergiftungszustände auftreten zu lassen.

Jugendliche unter 16 Jahren sollten, wenn überhaupt, nur wenig und keinesfalls regelmäßig Alkohol trinken. Auch mit 16 Jahren solltest du noch unter den Grenzen der Erwachsenen bleiben, obwohl dir dann sogar der Gesetzgeber erlaubt, Alkohol zu konsumieren und einzukaufen. Aber auch mit 16 oder 17 ist dein Körper noch nicht vollständig ausgewachsen und daher anfällig für Schädigungen – insbesondere für Schädigungen des Gehirns. Darüber hinaus haben Studien gezeigt, dass Menschen, die schon früh in der Jugend viel trinken, besonders häufig später eine Abhängigkeit entwickeln.

In der Schwangerschaft sollte man aufgrund der stark schädigenden Wirkung auf das Ungeborene ganz auf Alkohol verzichten. Leidet man an chronischen Krankheiten oder muss man regelmäßig Medikamente einnehmen, sollte man mit dem Arzt darüber sprechen, wie viel Alkohol für einen in Ordnung ist.

Zwischen Leber und Milz passt immer noch 'n Pils?

Das häufigste Problem bei chronisch erhöhtem Alkoholkonsum sind die Leberschädigungen. Immerhin fast jeder zweite Mann und jede vierte Frau bekommen unter diesen Umständen eine Fettleber. Daraus entsteht dann häufig die oft zitierte Leberzirrhose, eine in der Regel nicht heilbare und manchmal tödlich verlaufende Erkrankung. Weiterhin steigt bei übermäßigem Alkoholkonsum das Risiko für Herz-Kreislauf-Erkrankungen, Bluthochdruck, Schlaganfälle, Magenentzündungen, verschiedene Krebserkrankungen sowie Lungen- und Bauchspeicheldrüsenkrankheiten. Etwa jeder zweite Mann mit einer Alkoholabhängigkeit hat Probleme mit der Sexualität (z. B. Erektionsprobleme). Schließlich kann es bei langem, exzessivem Konsum auch zu Schädigungen des Gehirns kommen. Bei jedem Rausch sterben Millionen Gehirnzellen. Wenn dies nur selten geschieht, kann das Gehirn diesen Verlust ausgleichen. Bei einer andauernden Schädigung entsteht manchmal das so genannte Korsakow-Syndrom. Dies ist am ehesten mit einer Demenz zu vergleichen, einem Verlust der geistigen Fähigkeiten, die den Betroffenen zum Pflegefall machen.

Alkoholabhängigkeit und Alkoholmissbrauch

Schätzungen gehen davon aus, dass allein in Deutschland etwa 1,4 Millionen Menschen alkoholabhängig sind. Weitere 2,4 Millionen betreiben Missbrauch von Alkohol. Bis sich eine solche Krankheit entwickelt, braucht es bei Erwachsenen etwa zehn Jahre, bei Jugendlichen hingegen nur etwa zwei bis drei Jahre. Das heißt, dass du in jungen Jahren viel schneller süchtig werden kannst! Man nimmt an, dass das u. a. daran liegt, dass die Entwicklung des Gehirns noch nicht abgeschlossen und daher »störanfälliger« ist. Schätzungen gehen davon aus, dass es allein in Deutschland etwa 150 000 Alkoholabhängige gibt, die jünger als 25 Jahre sind! Anders ausgedrückt: Etwa 6 % der Jugendlichen und jungen Erwachsenen zwischen zwölf und 24 Jahren sind alkoholabhängig, weitere 10 % betreiben Alkoholmissbrauch!

Die Diagnose »Abhängigkeit« meint, dass jemand psychisch und/oder körperlich vom Alkohol abhängig geworden ist. Typische Anzeichen dafür sind, dass man immer mehr Alkohol verträgt, ohne blau zu werden, oder man unruhig wird oder entzügig, wenn kein »Alk« da ist. Weiterhin ist es oft schwierig, mit dem Trinken aufzuhören, wenn man erst einmal angefangen hat. Viele berichten über intensives

Verlangen (auch »Suchtdruck« genannt). Der Tag ist bestimmt vom Alkoholgenuss, viele andere Dinge (wie Schule oder Job, Freunde, Hobbys) werden vernachlässigt. Schließlich machen Betroffene mit dem Trinken weiter, obwohl sie wissen, dass es schon nicht mehr o. k. ist und sie sich schaden.

Mit »Alkoholmissbrauch« werden Trinkgewohnheiten bezeichnet, die noch nicht den Kriterien der Abhängigkeit genügen, aber schon alarmierend sind. Es treten schon Probleme im Alltag auf, die mit dem Trinken zusammenhängen, wie z. B. der Verlust des Führerscheins durch das Trinken, wiederholte Abwesenheit in der Schule oder bei der Arbeit. Auch treten häufig Konflikte wegen des Alkoholkonsums auf (z. B. mit Angehörigen) oder es werden bereits andere Lebensbereiche vernachlässigt.

Wichtige Warnsignale sind:

- Tägliches Trinken: Riskant wird der Konsum, wenn Männer mehr als 30 bis 40 g pro Tag und Frauen mehr als 20 g pro Tag trinken.

- Gezieltes Trinken gegen Stress oder belastende Gefühle. Statt mal ein Bier mit Kumpeln zu trinken, setzt man es gezielt zur Betäubung ein.

- Trinken, wenn man allein ist. Die meisten Menschen trinken lieber in Gesellschaft. Wenn man anfängt, allein Alkohol zu trinken, ist das oft ein Zeichen dafür, dass man sich schon an den Alkohol gewöhnt hat und ihn »braucht«.

- Die Leistungsfähigkeit lässt nach, vieles wird einem gleichgültig. Man vernachlässigt Dinge, die einem früher Spaß gemacht haben. Es fällt einem schwer, sich aufzuraffen, man ist antriebslos und hat eine »Scheißegal-Haltung«.

- Häufige Filmrisse oder Blackouts nach Alkoholgenuss.

- Man kann immer größere Mengen vertragen, ohne betrunken zu werden.

- Trinken am Morgen, gegen den »Kater«, gegen auftretende Unruhe oder um in Schwung zu kommen.

- Trinken von größeren Mengen, als man ursprünglich wollte.

Wenn mehrere dieser Punkte auf dich zutreffen, kann es sein, dass du bereits ein ernst zu nehmendes Alkoholproblem hast. In diesem Falle kannst du dich an eine der unten genannten Adressen wenden oder eine Suchtberatungsstelle in deiner Nähe aufsuchen. Die Adressen finden sich in den »Gelben Seiten«. Bei diesen Anlaufstellen lässt sich klären, ob dein Trinkverhalten noch okay ist oder welche Schritte für dich wichtig wären. Du solltest den Alkoholkonsum kontrollieren, nicht der Alkohol dein Leben!

Tipps zum Umgang mit Alkohol

Zum Abschluss zusammenfassend, hier noch einmal die wichtigsten Tipps zum Umgang mit Alkohol. Sie können dir helfen, verantwortlich für dich und andere mit der »Volksdroge« Alkohol umzugehen:

- Halte dich an die Grenzen des risikoarmen Konsums wie unter »Genuss ohne Reue« beschrieben. Gerade als Jugendlicher solltest du nur hin und wieder etwas trinken. Regelmäßiger oder gar täglicher Konsum erhöht das Suchtrisiko erheblich!

- Vermeide es, dich völlig zu betrinken. Jedes Mal, wenn du richtig besoffen bist, sterben Millionen von Gehirnzellen. Auch steigt das Risiko von Gewalt und Aggression. Betrunkene werden einerseits schneller aggressiv, andererseits aber auch schneller Opfer von Gewalt!

- Kein Alkohol im Straßenverkehr oder bei Tätigkeiten, wo du schnell reagieren musst (z. B. bei der Arbeit an Maschinen). Schon bei einem Wert von 0,8 ‰ ist deine Reaktionsgeschwindigkeit um 50 % gesunken!

- Wenn du regelmäßig Medikamente einnehmen musst und/oder eine chronische Erkrankung hast, frage deinen Arzt, ob und wie viel Alkohol du trinken darfst.

- Konsumiere nicht gleichzeitig noch Drogen. Die Wirkung der einzelnen Stoffe kann sich unvorhersehbar verstärken, das Vergiftungsrisiko steigt erheblich an.

- Kein Alkohol während einer Schwangerschaft oder der Stillzeit!

- Kein Alkohol in Kinderhand! Schon sehr geringe Mengen können schwere Vergiftungen verursachen.

Autorin des Nachworts ist Dr. Almut Lippert, 1966 in München geboren, Diplom-Psychologin und psychologische Psychotherapeutin. Sie arbeitet seit mehreren Jahren in der Abteilung für Suchtmedizin eines großen psychiatrischen Krankenhauses bei Hannover. Schwerpunkt ihrer Tätigkeit ist die Behandlung von Menschen mit Alkohol- oder Medikamentenproblemen. Die Information und Aufklärung zu der »Volksdroge« Alkohol ist dabei einer ihrer Interessenschwerpunkte.

Quellenverzeichnis

Bornhäuser, A. (2001). Alkoholabhängigkeit bei Jugendlichen und jungen Erwachsenen. Bern: Hans Huber.

Bundesministerium für Gesundheit, Bundesdrogenbeauftragte (2001): Sucht- und Drogenbericht.

Bundeszentrale für gesundheitliche Aufklärung (2004). Bekanntheit, Kauf und Konsum von Alcopops bei Jugendlichen 2003.

Deutsche Hauptstelle für Suchtfragen e. V. (2004). Jahrbuch Sucht. Geesthacht: Neuland.

Holly, A., Türk, D., Nelson, C. B., Pfister, H. & Wittchen, H.-U. (1996). Prävalenz von Alkoholkonsum, Alkoholmissbrauch und -abhängigkeit bei Jugendlichen und jungen Erwachsenen. Zeitschrift für Klinische Psychologie, 26, 171–178.

Lindenmeyer, J. (1999). Alkoholabhängigkeit. Göttingen: Hogrefe.

Schneider, R. (1998). Die Suchtfibel. Baltmannsweiler: Schneider.

Schuhler, P. & Baumeister, H. (1999). Kognitive Verhaltenstherapie bei Alkohol- und Medikamentenmissbrauch. Weinheim: Psychologie Verlags Union.

Tretter, F. (2000). Suchtmedizin. Stuttgart: Schattauer.

GU Kompass (2002). Klevers Kompass. Kalorien und Fette. München: Gräfe und Unzer.

Zilbergeld, B. (1994). Die neue Sexualität der Männer. Tübingen: dgvt-Verlag.

Tretter, F. (2000). Suchtmedizin. Stuttgart: Schattauer.

Hilfe, ja bitte?!

Du hast das Gefühl, dass du oft mehr trinkst als gut für dich ist? Einer deiner Angehörigen trinkt, und du kommst damit nicht klar? Du möchtest gerne was verändern, weißt aber nicht, wie?
Bei folgenden Organisationen bekommst du Unterstützung, Tipps und Hilfe:

Deutschland

Alateen
Selbsthilfegruppe für jugendliche Angehörige
von Alkoholikern
Emilienstr. 4, 45128 Essen
Tel.: 02 01/77 30 07, Fax: 02 01/77 30 08
E-Mail: al-anon.zbd@t-online.de
Internet: www.alateen.de
www.al-anon.de

JUVENTE
Jugendorganisation der Guttempler in Deutschland
Adenauerallee 45, 20097 Hamburg
Tel.: 0 40/24 58 80, Fax: 0 40/24 14 30
E-Mail: info@juvente.de
Internet: www.juvente.de

Integrative Suchtberatung
Große Hamburger Str. 18, 10115 Berlin
Tel.: 0 30/663 340 0 oder 0 30/663 340 1
E-Mail: suchtberatung.mitte@caritas-berlin.de

Jugendwerk des Blauen Kreuzes in Deutschland e. V.
Freiligrathstr. 27, 42289 Wuppertal
Tel. 02 02/6 20 03-0, Fax: 02 02/6 20 03-81
E-Mail: jugend@blaues-kreuz.de
Internet: www.jugend.blaues-kreuz.de

Österreich

Alateen
Selbsthilfegruppe für Angehörige und Freunde
von Alkoholikern
Postfach 17, 6600 Reutte/Tirol
Tel.: 0 56 72/7 26 51 Fax: 0 56 72/7 26 51
E-Mail: info@al-anon.de
Internet: www.al-anon.at

Schweiz

Alateen
Selbsthilfegruppe für jugendliche Angehörige
von Alkoholikern
Neuhardstr. 22, 4601 Olten
Tel.: 0 62/2 96 52 16 Fax: 0 62/2 96 52 16
Internet: www.alateen.ch

Kinder- und Jugendwerk der deutschen Schweiz
Lindenrain 5, Postfach 8957, 3001 Bern
Tel. 031 300 58 63
E-Mail: Jugendarbeit@blaueskreuz.ch
Internet: www.raidblue.ch

Lust auf Surfen?

Folgende Internetadressen bieten Informatives und Spannendes zum Thema Alkohol:
www.bist-du-staerker-als-alkohol.de
www.sucht.de

Jana Frey

Kein Wort zu niemandem

Sammy und Leander verlieben sich beide in Karlotta. Als diese sich für Leander entscheidet, fühlt Sammy sich verraten. Enttäuscht kapselt er sich immer mehr von allen ab. Doch dann schließt er sich Raphael und seinen Freunden an, die in der Schule die Schwächeren tyrannisieren und erpressen. Der Kitzel der Macht ist ein ganz besonderes Gefühl. Wenn Sammy Gewalt über andere hat, dann geht es ihm wieder richtig gut. Und niemand unternimmt etwas. Bis Sammy eines Tages eine Falle gestellt wird...

Arena LIFE

208 Seiten.
Arena-Taschenbuch.
ISBN 978-3-401-02756-2
www.arena-verlag.de

Brigitte Blobel

Herzsprung

Nina lebt in einer nach außen hin perfekten Familie. Doch sie trägt schwer an einem Geheimnis, von dem niemand etwas ahnt - Nina wurde von ihrem Stiefvater sexuell missbraucht. Kurz vor ihrem 15. Geburtstag steht Nina vor der Entscheidung, ihr Geheimnis preiszugeben: Sie ist verliebt.

Arena

240 Seiten.
Arena-Taschenbuch.
ISBN 978-3-401-50092-8
www.arena-verlag.de